Mikrodalga Fırınla Lezzetli Yemekler

Pratik ve Hızlı Yemek Tarifleri

Ayşe Yılmaz

İçindekiler

Çikolata Fıstık Damlaları 15

Portakal Fındık Damlası 15

Karışık fındıklı damla çikolata 15

fıstıklı şekerlemeler 16

Fındık ve bal şekerleri 17

Portakallı Badem-Bal Şekeri 17

çikolatalı şekerlemeler 18

Mocha Choc-a-bloc Şeker 18

Süslü çikolata şekerlemeler 19

Zencefilli hatmi şekerleme 19

Marshmallowlu şekerleme 20

Hatmi Fıstık Şekerleme 20

Çikolata Truffles 21

kahve yer mantarı 21

Sherry veya romlu yer mantarı 22

portakallı yer mantarı 22

Kirazlı Petit Fours 22

naneli fondan 23

çikolatalı naneli krep 23

kahve fondanları 24

gül fondanları 24

meyve fondanları 24

Kuru Kayısı Reçeli 24

bademli kayısı reçeli 25

portakallı kayısı reçeli 25

Viski ile kayısı reçeli 26

çok meyveli marmelat 26

Viski Marmelatı 27

olgun marmelat 28

limon lor 28

portakallı süzme peynir 29

lor kireç 29

Karışık Soğan Marmelatı 30

elma turşusu 31

Elma ve armut ile Hint turşusu 32

Elma, kırmızı domates ve kayısı ile Chutney 33

yeşil domates turşusu 33

Muz ve yeşil biber turşusu 33

Koyu erik turşusu 34

ekmek ve tereyağı turşusu 34

doldurulmuş kruvasan 35

Krema ve Marine Peynir 35

Salatalı Jambonlu Mayonez 36

Hindi ve Lahana Salatası 36

Baharatlı fıstık ezmesi ve marul 37

Camembert Jölesi ve Frenk Üzümü 37

Çedar ve Piccalilli 38

Dana Eti ve Soğan Turşusu 38

kruvasan pizza 39

Süzme peynir ve limon 39

Baharatlı Reçel ve Muz 40

çikolata ve muz 40

Tost ekmeği üzerine kuru fasulye 40

Tost ekmeği üzerine peynirli fasulye 41

Tost üzerinde spagetti 41

sarhoş alabalık 41

Mayonezli nadir ton balığı 42

Sarımsaklı tereyağlı yumuşak ringa balığı yumurtası 42

Kokteyl soslu yer 43

Çin pisisi 44

Tatlı ve Ekşi Bitkisel Ringa Balığı 45

'Pişmiş somon 46

Kişnişli Narenciye Buz Patenleri 46

Pesto soslu uskumru 47

Tandır uskumru 48

Bin Yapraklı Yengeçli Mezgit Balığı 49

limon ve kekik ile morina 50

İyi bir eşin morina balığı 51

Fransızca Cod 52

Manhattan'daki morina balığı 53

Hindistan Cevizli Körili Morina 54

balık sosu 55

Sürahili Kipper 55

Fin mezgit balığı 56

Balık pastası 57

Macar Tavuğu 58

Hızlı Tavuk à la King 59

av tavuğu 60

kabaklı tavuk 61

Kiev soslu tavuk 62

Penang Fındıklı Tavuk 63

sebzeli tavuk güveç 64

Dieter'in Marine Edilmiş Soğan Tavuğu 65

Havuç Soslu Baharatlı Tavuk 66

Fasulye filizli tavuk 67

tavuk turşusu 67

ananaslı tavuk 68

Tex-Mex tavuk ve avokado 69

Hindiba ile tatlı ve ekşi tavuk 70

tavuk yanıyor 70

Portekiz Limanı Tavuğu 71

Kızartma için tavuk modeli 72

Tavuk ve pirinç suyu 73

mantarlı tavuk 74

hardallı tavşan 74

Gürleyen Tavşan 75

Türkiye ve küçük bezelye 76

Erik ve armagnac ile hindi 77

elma şarabında türkiye 78

pembe hindi 79

Türk burgeri 80

Hindi burger çeşitleri 81

Hızlı Sığır Eti ve Sebze Güveç 81

Karışık Sebzeli Dana Yahni 82

Körili Dana Yahni 82

Kısa bolonez sosu 82

Bolonez soslu şarap 83

Biber dolması 83

Tavla Doldurulmuş Biber 84

Kıyılmış domuz güveç 84

Macar Et Biberleri 85

Sığır Burger 85

Sığır burger çeşitleri 86

Burger kralı 86

büyük çizburger 87

Salamura et kıyması 87

yumurta ile hash 88

Sahte Çin kaburga 88

Kırmızı kaburga 89

meyveli tavla 89

Domuz kızartma 90

Spagetti Soslu Domuz Eti 91

Kuzu kebabı 92

Sucuklu Kebap 92

Victoria Kuzu Pirzola 92

Kısa Ciğer ve Soğan 93

Pastırma ve Bezelye ile Kızarmış Ciğer 93

Kahrolası böbrekler 94

Elma böbrekleri 94

Peynir soslu gözleme üzerinde haşlanmış yumurta 96

Sade Omlet 96

Omlet çeşitleri 97

Bir bardak çırpılmış yumurta 97

Patates "Pizza" 98

Bitkisel Peynir Soslu Brokoli 99

Fındık ile doldurulmuş biber 100

sıcak avokado 101

Marine edilmiş karnabahar 101

Maydanozlu Karnabahar Peyniri 102

Pastırma ve peynir ile haşlanmış kereviz 102

Parma Jambonu ve Parmesan peyniri ile Haşlanmış Soğan 103

Yumurta ve çam fıstığı ile doldurulmuş patlıcan 104

Baharatlı fasulye filizi 105

tereyağlı kabak 106

Sıcak Avokado Salatası 106

Rokfor ve Sarımsaklı Kremalı Mantar 107

Baharatlı Pirinç Salatası 107

pirinç peyniri 109

Elma kompostosu 110

Kayısı Haşlaması 110

Sıcak Meyve Tüyü 111

Haşlanmış Ravent 111

Fırında Limonlu Lor Dolgulu Elma 111

biberli çilek 113

Öğütülmüş pirinç sütü pudingi 113

Yumurta kremasında çay rulo puding 114

Yüce Peynirli Brokoli 115

Güveç 116

pastırma ile kereviz peyniri.................................... 117

Pastırmalı Enginar Peyniri....................................... 118

Karelya Patatesleri 118

Hollandalı Patates-Gouda Domatesli Güveç 119

Kremalı Tereyağlı Kabarık Tatlı Patates 120

Maitre d'Hôtel Tatlı Patates 121

kremalı patates.. 122

Maydanozlu Kremalı Patates.................................... 123

Peynirli Kremalı Patates 123

Biberli Macar Patatesi.. 123

dauphine patates.. 124

kıvırcık patates.. 126

Kale Patatesleri 126

Badem Ezmesi Soslu Patates 126

Hardallı ve misket limonlu domates 127

Haşlanmış Salatalık.. 128

Pernod'dan Haşlanmış Salatalık 129

ispanyol iliği 129

kabak ve domates ile güveç...................................... 130

Ardıç Meyveli Kabak 132

Pernod'dan Çin Tereyağı Yaprakları........................ 133

Çin fasulye filizi 134

portakallı havuç.. 135

kızarmış hindiba.. 136

Limonlu Haşlanmış Havuç.. 137

Sherry'de rezene.. 138

Jambonlu şarapta haşlanmış pırasa 139

Pişmiş Pırasa 140

Fırında Kereviz 140

Et ile doldurulmuş biber 141

Etli domatesli biber dolması 142

Limon ve Kekik ile Hindi Doldurulmuş Biber 142

Polonya kremalı mantar 143

biber mantarı 144

Körili mantar 144

mercimek 145

Soğan ve Domatesli Dhal 147

sebze medreseleri 149

Karışık Sebze Köri 151

jöle Akdeniz salatası 153

Jölede Yunan Salatası 154

jöle Rus salatası 154

Hardallı Mayonezli Alabaş Salatası 155

Pancar, kereviz ve elma kapları 156

Sahte Waldorf kupaları 157

sarımsak, mayonez ve antep fıstığı ile kereviz salatası 157

Kontinental Kereviz Salatası 158

Pastırmalı Kereviz Salatası 159

Ilık Soslu Biber ve Yumurtalı Enginar Salatası 160

Adaçayı ve soğan ile doldurma 161

Kereviz ve pesto dolması 162

Pırasa ve domates ile doldurma 162

pastırma dolması 163

Pastırma ve kayısı ile doldurma 164

Mantar, limon ve kekik dolgusu 164

Mantar ve pırasa dolması 165

Jambon ve ananas ile doldurma 166

Mantar ve kaju fıstığı ile Asya dolgusu 167

Jambon ve havuç ile doldurma 168

Jambon, muz ve mısır ile doldurma 168

İtalyan doldurma 169

İspanyol doldurma 169

Portakal ve kişniş doldurma 170

Limon ve kişniş dolgusu 171

portakal-kayısı dolması 172

Elma, Üzüm ve Fındık Dolması 173

Elma, erik ve brezilya cevizi dolgusu 174

Elma, hurma ve fındık ile doldurma 174

Sarımsak, biberiye ve limon ile doldurma 175

Parmesan peyniri ile sarımsak, biberiye ve limon ile doldurma .. 176

Deniz ürünleri doldurma 176

Parma jambonu doldurma 177

sosis doldurma 177

Sosis ve ciğer dolgusu 178

Sosis ve mısır doldurma 178

Sosis ve Portakal Doldurma 178

Yumurtalı Kestane Doldurma 179

Kestane ve kızılcık dolması 180

Kremalı Kestane Dolgusu 180

Kestane ve sosislerin krema dolgusu 181

Bütün kestane dolgulu kremalı kestane 181

Maydanoz ve Kekik ile Kestane Dolması..................................... 182

Gammon ile kestane dolgusu 183

Tavuk ciğer dolması.. 184

Ceviz ve portakal ile doldurulmuş tavuk karaciğeri................... 185

Üçlü Fıstık Doldurma 185

Patates ve hindi ciğeri dolması.. 186

otlar ile pirinç dolması 187

Domatesli İspanyol pilavı dolması 188

Meyveli Pilav Doldurma... 189

Uzakdoğu Pilavı Dolması 190

Fındıklı baharatlı pirinç dolması... 190

çikolata parçaları 191

Şeytan Pastası Yemekleri 192

Moka keki 193

katmanlı kek 194

Kara Orman Vişneli Kek... 194

Çikolatalı Portakallı Kek.. 195

Tereyağı ve krema ile çikolatalı kek 196

Çikolatalı Moka Kek... 197

Portakallı ve çikolatalı katlı pasta... 197

Çift Çikolatalı Kek 197

Krem Şanti ve Fındıklı Kek... 198

Noel Kapısı 199

amerikan kurabiyeleri.. 200

çikolatalı fındıklı kurabiye 201

Yulaf şekerleme üçgenleri.. 201

Müsli üçgenleri 202

Çikolatalı Kraliçeler 202

Queenies çikolata gevreği 203

Kahvaltılık Kepek ve Ananaslı Kek 204

Kek Çıtır Meyveli Çikolatalı Kek 205

Kek Çıtır Meyveli Kek Mocha 206

Rom ve kuru üzüm ile çıtır kek 206

Meyve viskisi ve portakallı kurabiye ile çıtır kek 206

Beyaz Çikolatalı Crunch Meyveli Kek 207

İki katlı kayısı ve frambuazlı cheesecake 207

Fıstık Ezmeli Cheesecake 210

Lor peynirli limonlu cheesecake 211

çikolatalı Cheesecake 211

Sharon Meyveli Cheesecake 212

yabanmersinli peynir pastası 213

Fırında Limonlu Cheesecake 214

Fırında Limonlu Cheesecake 215

Fırında Frenk Üzümü Cheesecake 215

Fırında Frambuazlı Cheesecake 215

Çikolata fondü 216

Portakallı Çikolatalı Fondü 216

24 yapar

Harika Noel hediyeleri, aynı zamanda yemekten sonra kahve ile harika bir atıştırmalıktır.

400g/14oz sade (yarı tatlı) çikolata (%70 kakao)
175 gr/6 ons/1½ su bardağı iri kıyılmış ceviz, hafifçe kızartılmış

Çikolatayı ufalayın ve bir kaseye koyun. Buzdolabından çıkardıktan sonra 30 saniye daha bırakarak, yaklaşık 5 dakika boyunca çözülme üzerinde açıkta eritin. İki kez karıştırın, ardından fındıkları ekleyin. Yağlı kağıt serili fırın tepsilerine 24 yemek kaşığı karışımdan dökün. Sertleşene kadar soğutun. Kağıdı dikkatlice çıkarın ve hava geçirmez bir kutuda buzdolabında üç haftaya kadar saklayın.

Portakal Fındık Damlası

24 yapar

Çikolatalı ceviz damlası gibi hazırlayın ama 10 ml/2 çay kaşığı rendelenmiş portakal kabuğu ile çikolata ve fındık ekleyin.

Karışık fındıklı damla çikolata

24 yapar

Cevizli çikolata damlaları gibi hazırlayın, ancak kıyılmış cevizleri hafifçe kızartılmış kıyılmış cevizlerle değiştirin.

15

fıstıklı şekerlemeler

450g/1lb yapar

350g/12oz/1 ½ fincan hafif, yumuşak kahverengi şeker

150 ml/¼ puan/2/3 su bardağı süt

50g/2oz/¼ fincan altın (hafif) mısır şurubu

30 ml/2 yemek kaşığı tereyağı

5 ml/1 çay kaşığı vanilya

50g/2oz/½ fincan ceviz, iri kıyılmış

Sığ, yuvarlak, kare veya oval 1 litre/1¾ kısım/4½ fincan kalıbı tereyağı ile iyice yağlayın. Fındık hariç tüm malzemeleri 1,75 L/3 Porsiyon/7½ Bardak bir kaba koyun. Tahta bir kaşıkla dört veya beş kez karıştırarak 14 dakika boyunca ağzı açık olarak Tam ateşte pişirin. Mikrodalgadan çıkarın, ardından yemeğin yarısına kadar gelecek kadar soğuk suyla lavaboda bekletin. 8 dakika bekletin, ardından tabanı ve yanları çıkarın ve kurulayın. Cevizleri ekleyin ve şekeri hafifleyene kadar birkaç dakika kuvvetlice çırpın. (Zor iş!) Hazırlanan yemeğin üzerine yayın ve soğumaya bırakın. Bıçakla kaldırarak tabaktan çıkarın, ardından şekerleri parçalara ayırın. Hava geçirmez bir kutuda veya kavanozda saklayın.

Fındık ve bal şekerleri

450g/1lb yapar

Fındıklı Şeker gibi hazırlayın ama şurubu saf bal ile değiştirin.

Portakallı Badem-Bal Şekeri

450g/1lb yapar

50g/2oz/½ fincan bademleri kahverengi kabuklarıyla yıkayın. 205. sayfada belirtildiği gibi tost yapın. Fındık şekerleri yapın, ancak şurubu balla değiştirin ve diğer malzemelerle birlikte 5 ml/1 çay kaşığı ince rendelenmiş portakal kabuğu ekleyin. Çırpmadan önce bademleri ekleyin.

900g/2lbs yapar

Şekerleme ve gevrek şeker karışımı, oldukça sağlam ama keskin bir bıçakla kolayca kesilebilir. Sadece tatlı sevenler için!

450 gr sade (yarı tatlı) çikolata
50g/2oz/1/3 fincan tereyağı
45 ml/3 yemek kaşığı çift (ağır) krema
5 ml/1 çay kaşığı vanilya özü (özü)
450 gr/1 lb/22/3 su bardağı elenmiş pudra şekeri (şekerleme)

Çikolatayı kırın ve tereyağı ile kaseye koyun. Çözülerek 5½-7 dakika boyunca açıkta eritin. Krema ve vanilya özünü ekleyin. Pudra şekerine tahta kaşıkla yavaş yavaş ekleyin. (Bu zaman ve çaba gerektirir.) Büyük kırıntılar oluştuğunda, parmaklarınızla eşit şekilde bastırarak yağlanmış 25x18cm/10x7 boyutlarında sığ dikdörtgen bir tepsiye yayın. Sıcak suya batırılmış bir bıçakla üstünü düzleştirin ve çıkarın. Yaklaşık 70 parçaya derinlemesine kesin ve dilimlemeden önce sertleşmeye bırakın. Serin bir yerde saklayın.

Mocha Choc-a-bloc Şeker

900g/2lbs yapar

Choc-a-blocs'ta olduğu gibi hazırlayın, ancak eritmeden önce 20ml/4tsp hazır kahve veya çikolata ve tereyağı granülleri ekleyin.

900g/2lbs yapar

Choc-a-blocs'ta olduğu gibi hazırlayın, ancak şekerlemeyi henüz kutudayken parçalara ayırın ve her parçaya birer kavrulmuş fındık sıkın.

Zencefilli hatmi şekerleme

350g/12oz yapar

Hızlı ve güvenilir.

50g/2oz/¼ fincan tereyağı

50g/2oz/¼ fincan hafif, yumuşak kahverengi şeker

30 ml/2 yemek kaşığı süt

100 gr marshmallow

100 gr / 3½ ons pudra (şekerlemeci) şekeri, elenmiş

50 gr konserve zencefil, doğranmış

Tereyağını şeker ve sütle birlikte 1,75 L/3 nokta/7½ fincan tabağa koyun. Açıkta eritin, iki kez karıştırarak 4 dakika buzunu çözün. İki kez karıştırarak 4 dakika daha Tam olarak pişirin. Marshmallowları ilave edin ve ağzı açık şekilde Tam ayarda 30 saniye pişirin. Karıştırın ve 30 saniye daha pişirin. Pudra şekerini tahta kaşıkla koyun. Kuvvetlice karıştırın, ardından zencefil ekleyin. Tereyağlı 1 Litrelik/1¾ kısım/4¼ fincan tabakta dağıtın. Soğuduktan sonra üzerini kapatın ve sertleşene kadar 2-3 saat buzdolabında bekletin. Parçalara ayırın ve hava geçirmez bir kapta saklayın.

Marshmallowlu şekerleme

350g/12oz yapar

Marshmallow Ginger Fudge gibi hazırlayın, ancak kıyılmış zencefili 50 gr kuru üzüm/1/3 su bardağı kuru üzüm ile değiştirin.

Hatmi Fıstık Şekerleme

350g/12oz yapar

Marshmallow Ginger Fudge gibi hazırlayın ama 50g/2oz/½ fincan kıyılmış fındık ekleyin.

Çikolata Truffles

15 yapar

100 gr sade (yarı tatlı) çikolata
50g/2oz/¼ fincan tereyağı
50g/2oz/1/3 fincan pudra (şekerlemeci) şekeri, elenmiş
30 ml/2 yemek kaşığı öğütülmüş badem
5 ml/1 çay kaşığı vanilya özü (özü)
Kakao tozu (şekersiz çikolata)

Çikolatayı kırın ve tereyağı ile kaseye koyun. Buz çözmede 5-5½ dakika boyunca açıkta eritin. Pudra şekerini tahta kaşıkla karıştırın, ardından bademleri ve vanilyayı ekleyin. Sığ bir tabağa aktarın, örtün ve sertleşene kadar soğutun, ancak sert olmasın. 15 top haline getirin, kakao ekleyin ve kağıt şeker kutularına koyun.

kahve yer mantarı

15 yapar

Chocolate Truffles'daki gibi hazırlayın, ancak çikolata ve tereyağını eritmeden önce 15 ml/1 yemek kaşığı hazır kahve tozu veya granülleri ekleyin. Vanilya özünü (özü) atlayın.

15 yapar

Çikolatalı Truffles olarak hazırlayın, ancak vanilya özünü (özü) 5 ml/1 çay kaşığı şeri veya rom ile değiştirin.

15 yapar

Çikolatalı Truffles'daki gibi hazırlayın, ancak eritmeden önce çikolata ve tereyağına 5 ml/1 çay kaşığı ince rendelenmiş portakal kabuğu ekleyin. Vanilya özünü (özü) atlayın.

Kirazlı Petit Fours

12 yapar

100 gr sade (yarı tatlı) çikolata
50 gr / 2 oz / ½ fincan ezilmiş bisküvi (Graham kraker)

6 farklı renkte ikiye bölünmüş buzlu (şekerlenmiş) kiraz

Çikolatayı bir kaseye kırın. 3-3½ dakika defrost üzerinde açıkta eritin. Bisküvi kırıntılarını karıştırın, ardından 12 kağıt şekere (şeker kabı) eşit şekilde kaşıklayın. Her vişnenin yarısını üzerine serpiştirin ve buzdolabında en az bir saat bekletin.

naneli fondan

Verim 550 gr/1¼ lb

50g/2oz/¼ fincan tuzsuz (tatlı) tereyağı
30 ml/2 yemek kaşığı süt
5 ml/1 çay kaşığı nane özü (özü)
450 g/1 lb/22/3 su bardağı pudra (şekerlemeci) şekeri, elenmiş, artı
serpmek için fazladan

Tereyağı, süt ve nane özünü 1,75 L/3 puan/7½ fincan kaseye koyun. Buz çözme modunda 3 dakika ısıtın. Ölçülü pudra şekerinde çalışın. Pürüzsüz olana kadar yoğurun, ardından pudra şekeri serpilmiş bir yüzeye yerleştirin. Oldukça ince açın. 2,5 cm/1 inçlik bir bıçak kullanarak 30 tur dilimleyin. 2-3 saat kurumaya bırakın, ardından kağıt şeker kutularına (şeker kapları) aktarın.

çikolatalı naneli krep

Verim 550 gr/1¼ lb

Nane fondanları gibi hazırlayın, ancak kuruduklarında üzerlerine eritilmiş süt veya normal (yarı tatlı) çikolata sürün ve kutulara dökmeden önce donmalarını bekleyin.

kahve fondanları

Verim 550 gr/1¼ lb

Nane fondanı gibi hazırlayın, ancak nane yerine 20 ml/4 çay kaşığı hazır kahve tozu veya granülü kullanın. Her birini bir parça ceviz veya cevizle süsleyin.

gül fondanları

Verim 550 gr/1¼ lb

Nane fondanları gibi hazırlayın, ancak nane esansını 5 ml/1 çay kaşığı gül esansı (ekstraktı) ile değiştirin. Her birini kristalize (şekerlenmiş) bir gül yaprağıyla süsleyin.

meyve fondanları

Verim 550 gr/1¼ lb

Nane fondanları gibi hazırlayın, ancak nane özünü limon veya portakal gibi diğer meyve özleri (özü) ile değiştirin.

Kuru Kayısı Reçeli

900g/2lb/22/3cup yapar

Genellikle gurme mutfağında kullanılan narin, hoş kokulu reçel.

225g/8oz kuru kayısı, dörde bölünmüş
600 ml/1 adet/2½ bardak soğuk su
900g/2lbs/4 bardak toz veya koruyucu şeker
1 büyük limonun suyu, süzülmüş

Kayısıları bir gece önceden suda bekletin. Süzün ve ölçülü su ile 2,5L/4½ pt/11cup bir kaseye koyun. Meyve çok yumuşak olana kadar 15-20 dakika boyunca ağzı açık olarak Tam olarak pişirin. Şeker ve limon suyu ekleyin. Mikrodalgaya geri dönün ve üstü açık olarak 5-6 dakika boyunca bir tahta kaşıkla şeker eriyene kadar üç kez karıştırarak pişirin. Ayar noktasına ulaşılana kadar 20-30 dakika üstü açık pişirmeye devam edin. Ilık olana kadar soğumaya bırakın, ardından kaplara aktarın, üzerini kapatın ve etiketleyin.

bademli kayısı reçeli

900g/2lb/22/3cup yapar

Kuru kayısı reçeli gibi hazırlayın ama 45-60 ml/3-4 yemek kaşığı beyazlatılmış badem yarımlarını limon suyuyla ekleyin.

portakallı kayısı reçeli

900g/2lb/22/3cup yapar

Kuru kayısı reçeli gibi hazırlayın ama 1 küçük portakalın ince rendelenmiş kabuğunu şekerle birlikte ekleyin.

900g/2lb/22/3cup yapar

Kuru kayısı reçeli gibi hazırlayın, ancak 15-30 ml/1-2 yemek kaşığı viskiyi pişmiş ama henüz ılık olan reçele ekleyin.

çok meyveli marmelat

Verim 1,5 kg/3 lbs/4 bardak

Mikrodalgada pek çok değeri olan lezzetli bir marmelat. Kabuğun kavanozda kabarmaması için, marmelatın saksıya koyulmadan önce neredeyse soğumaya bırakılması önemlidir.

Meyveyi ince bir şekilde soyun ve tercihinize bağlı olarak kabuğu ince, orta veya kalın dilimler halinde kesin. Her bir meyveyi ikiye bölün ve çekirdeklerini (çekirdekleri) ve beyaz eti koruyarak suyunu sıkın. Suyu 2,5L/4½ pt/11cup kaseye dökün. Tohumları ve posayı bir parça pamuklu beze koyun, sıkıca bağlayın ve meyve suyu kasesine ekleyin. 300 ml/½ pt/1¼ bardak kaynar su ekleyin, üzerini kapatın ve 1 saat bekletin. Kalan suyu dökün, ardından kaseyi streç filmle (plastik sargı) örtün ve buharın çıkması için iki kez kesin. 20-30 dakika Tam olarak pişirin (süre, meyve kabuğunun kalınlığına bağlı olacaktır). Ortaya çıkarın ve şekerle karıştırın. Şeker eriyene kadar en az dört kez karıştırarak 8 dakika boyunca ağzı açık olarak pişirin. Mikrodalgaya dönün ve 30-35 dakika daha üstü açık pişirmeye devam edin, Bağlanma noktasına gelinceye kadar 7-10 dakikada bir tahta kaşıkla karıştırılır. Köpüğü silin. Ilık olana kadar soğumaya bırakın, ardından tohum ve posa torbasını atın ve önceden ısıtılmış kavanozlara aktarın. Her bir kavanozu bir balmumu diskiyle örtün. Örtün ve soğuk tutun.

Verim 1,5 kg/3 lbs/4 bardak

Çok meyveli marmelat için olduğu gibi hazırlayın ancak marmelat donma noktasına ulaştığında 30 ml/2 yemek kaşığı viski ekleyin.

olgun marmelat

Verim 1,5 kg/3 lbs/4 bardak

Kabuğu kalın parçalar halinde keserek, çok meyveli marmelatta olduğu gibi hazırlayın. 30 ml/2 yemek kaşığı siyah pekmezi (pekmez) şekerle birlikte ekleyin.

limon lor

450 g/1 lb/11/3 bardak yapar

Çok taze, çok limonlu ve tereyağlı geleneksel reçel. Çabuk bozulduğu için buzdolabında saklanmalıdır.

125g/4oz/½ fincan tereyağı

3 yumurta

1 yumurta sarısı

28

225 gr/8 ons/1 su bardağı pudra şekeri

3 limonun ince rendelenmiş kabuğu ve suyu

Tereyağını 1,25L/2¼pt/5½ fincan kaseye koyun ve buz çözme modunda 4 dakika boyunca üstü açık olarak ısıtın. Malzemelerin geri kalanını birlikte çırpın ve tereyağına ekleyin. 5 dakika boyunca ağzı açık olarak, her dakika tahta kaşıkla çırparak pişirin. Pıhtı biraz sıvı görünüyorsa, 30-60 saniye daha pişirin. Lor kalınlaştığında ve kaşığın arkasını eşit bir tabaka halinde kapladığında mikrodalgadan çıkarın. 2 dakika kenara koyun. İki küçük kavanoza aktarın ve reçelli gibi kapatın.

portakallı süzme peynir

450 g/1 lb/1 1/3 bardak yapar

Lemon Curd olarak hazırlayın, ancak 2 limonun yerine 2 portakalın ince rendelenmiş kabuğunu ve suyunu koyun.

lor kireç

450 g/1 lb/1 1/3 bardak yapar

Limon Loru gibi hazırlayın, ancak bir limonu ince rendelenmiş kabuğu ve 2 limonun suyuyla değiştirin.

Karışık Soğan Marmelatı

4-6 servis

Kırmızı soğan ve kırmızı şarap kullanımı marmelatı koyulaştırır ve yavaş pişirme ihtiyacını ortadan kaldırır. Sert balık, kümes hayvanları ve et yemekleri ile servis yapın.

45 ml/3 yemek kaşığı tereyağı

2 kırmızı soğan, çok ince dilimlenmiş

4 arpacık soğan, soyulmuş ve doğranmış

1 beyaz soğan, çok ince dilimlenmiş

1 pırasa, çok ince halkalar hâlinde kesilmiş

2 diş sarımsak, ezilmiş

6 taze soğan (arpacık), ince kıyılmış

45 ml/3 yemek kaşığı sek kırmızı şarap

2,5 ml/½ çay kaşığı malt sirkesi

25 ml/1½ yemek kaşığı koyu yumuşak kahverengi şeker

10 ml/2 çay kaşığı kıyılmış mercanköşk

5 ml/1 çay kaşığı tuz

Taze çekilmiş karabiber

Tereyağını geniş bir tabağa koyun ve yaklaşık 1-1½ dakika buz çözme modunda eritin. Kırmızı soğan, arpacık soğan, beyaz soğan, pırasa, sarımsak ve taze soğanı karıştırın. Bir tabakla örtün ve soğan yumuşayana kadar üç kez karıştırarak 15-20 dakika Dolu pişirin. Diğer tüm malzemeleri karıştırın. Daha önce olduğu gibi örtün ve 3 dakika boyunca Tam olarak pişirin. Sıcak veya soğuk servis yapın.

elma turşusu

900g/2lbs yapar

450g/1lb/4 su bardağı iri kıyılmış pişmiş (ekşi) elma

1 büyük soğan, rendelenmiş

15 ml/1 yemek kaşığı tuz

60 ml/4 yemek kaşığı su

15 ml/1 yemek kaşığı karışık dekapaj baharatı

1 defne yaprağı

350 ml/12 fl oz/küçük 1½ bardak malt veya elma sirkesi

225g/8oz/1 su bardağı koyu yumuşak kahverengi şeker

1-2 diş sarımsak, ezilmiş

125 gr / 1 su bardağı doğranmış hurma

125 gr/4 ons/2/3 su bardağı bütün kuru üzüm

15 ml/1 yemek kaşığı öğütülmüş zencefil veya ceviz büyüklüğünde bir parça taze zencefil, soyulmuş ve ince doğranmış

5 ml/1 çay kaşığı öğütülmüş tarçın

5 ml/1 çay kaşığı karışık baharat (elmalı turta)

1,5-2,5 ml/¼-½ çay kaşığı acı biber (isteğe bağlı)

Elmaları ve soğanları 2,5L/4½pt/11cup kaseye koyun. Tuz ve suyu karıştırın. Bir tabakla örtün ve 5 dakika Dolu pişirin. Turşu baharatını ve defne yaprağını bir beze bağlayın ve diğer malzemelerle birlikte elmalı karışıma ekleyin. Hint turşusu reçel kıvamına gelene kadar (konserve) kalınlaşana kadar, her 6-7 dakikada bir karıştırarak, 30-40 dakika boyunca ağzı açık olarak Tam olarak pişirin. (Chutney, gerekirse 5-10 dakika daha, istenen kalınlığa kadar pişirilebilir.) Baharat torbasını çıkarın ve atın. Soğuyunca üzerini kapatın ve tatların olgunlaşması için bir gece buzdolabında bekletin. Tencerelere aktarın, reçel durumunda olduğu gibi örtün ve kapatın.

Elma ve armut ile Hint turşusu

900g/2lbs yapar

Elma Chutney gibi hazırlayın, ancak 225 gr/8 ons/2 bardak iri doğranmış armutları doğranmış elmaların yarısıyla değiştirin.

Elma, kırmızı domates ve kayısı ile Chutney

900g/2lbs yapar

Apple Chutney gibi hazırlayın, ancak yarım doğranmış elmalar için 225g iri doğranmış kırmızı domatesleri ve kuru üzüm için iri doğranmış kayısıları değiştirin.

yeşil domates turşusu

900g/2lbs yapar

Elma Chutney olarak hazırlayın, ancak elmaları iri doğranmış yeşil domateslerle değiştirin.

Muz ve yeşil biber turşusu

900g/2lbs yapar

Elma Chutney olarak hazırlayın, ancak elmaları muzla değiştirin ve kalan malzemelerle birlikte ince doğranmış yeşil biberleri (biber) ekleyin.

Koyu erik turşusu

900g/2lbs yapar

Elma sosu gibi hazırlayın, ancak çekirdeksiz elmaları erik ile değiştirin ve hafif oryantal bir tat için salamura baharatına 1 yıldız anason ekleyin.

ekmek ve tereyağı turşusu

750 gr/1½ lb yapar

Güçlü bir kişiliğe ve parlak bir altın zerdeçal tonuna sahip, biraz tatlı, farklı bir Kuzey Amerika aroması. Soğuk mezeler ve hamburger, peynir, kümes hayvanları ve kızarmış balıkla güzelce eşleşir, ancak en çok sandviçlerle gider.

1 büyük salatalık (yaklaşık 450 g), soyulmamış ve ince dilimlenmiş
2 büyük soğan, soyulmuş ve kağıt inceliğinde dilimler halinde kesilmiş
175 ml/6 fl oz/¾ fincan saf damıtılmış malt sirkesi

175 gr/6 ons/¾ fincan (çok ince) şeker

10 ml/2 çay kaşığı karışık dekapaj baharatı

10 ml/2 çay kaşığı tuz

1,5 ml/¼ çay kaşığı hardal tozu

1,5 ml/¼ çay kaşığı zerdeçal

4-5 tutam dereotu (dereotu)

Salatalık ve soğan dilimlerini bir kevgir (zımpara) içine koyun ve 30 dakika suyunun süzülmesini bekleyin. Bu sırada sirkeyi 2L/3½ pt/8½ fincan kaseye dökün. Şeker, turşu baharatı, tuz, hardal ve zerdeçal ekleyin. İki kez karıştırarak 5 dakika boyunca açıkta Tam olarak ısıtın. Salatalık, soğan ve dereotu karıştırın. İki kez karıştırarak 3 dakika boyunca tamamen ısıtın. Ilık bir sıcaklığa soğumaya bırakın, ardından bir büyük veya iki orta boy reçel kavanozuna (koruyucu) aktarın. Soğuk örtün ve buzdolabında saklayın.

doldurulmuş kruvasan

Aşağıdaki tarifler, kruvasanlarla ilgili bazı lezzetli fikirler içermektedir.

Krema ve Marine Peynir

1 kruvasan

30 ml/2 yemek kaşığı krema veya az yağlı peynir

15 ml/1 yemek kaşığı tatlı turşusu

1 küçük domates, ince dilimlenmiş

Kruvasanı ikiye bölün ve kesilen taraflara peynir sürün. Salatalık turşusu ve domatesli sandviç. Bir tabağa koyun ve tamamen ısınana kadar 30-35 saniye buz çözme modunda ısıtın.

Salatalı Jambonlu Mayonez

1 kruvasan

15 ml/1 yemek kaşığı hafif kepekli hardal

2 ince dilim jambon

15 ml/1 yemek kaşığı mayonez

1 küçük doğranmış pişmiş pancar (kırmızı pancar)

Kruvasanı ikiye bölün ve kesilen kenarlarına hardal sürün. Malzemelerin geri kalanı ile sandviç. Bir tabağa koyun ve tamamen ısınana kadar 30-35 saniye buz çözme modunda ısıtın.

Hindi ve Lahana Salatası

1 kruvasan

Tereyağı veya margarin

2 dilim soğuk kuşbaşı et veya paket hindi

30 ml/2 yemek kaşığı lahana salatası

Kruvasanı ikiye bölün ve kesilen kenarlarına tereyağı veya margarin sürün. Malzemelerin geri kalanı ile sandviç. Bir tabağa koyun ve tamamen ısınana kadar 35-40 saniye buz çözme modunda ısıtın.

Baharatlı fıstık ezmesi ve marul

1 kruvasan

Pürüzsüz fıstık ezmesi

maya özü

Yumuşak marul yaprakları

Kruvasanı ikiye bölün ve kesik taraflarını fıstık ezmesi ve ardından maya özü ile fırçalayın. 2 veya 3 marul yaprağı olan bir sandviç. Bir tabağa koyun ve tamamen ısınana kadar 20-25 saniye buz çözme modunda ısıtın.

Camembert Jölesi ve Frenk Üzümü

1 kruvasan

Tereyağı veya margarin

3 dilim kaşar peyniri, dış kabuğu olmadan

10–15 ml/2–3 çay kaşığı frenk üzümü jöle (saf konserve)

Kruvasanı ikiye bölün ve kesilen kenarlarına tereyağı veya margarin sürün. Peynirli ve kuş üzümü jöleli bir sandviç. Bir tabağa koyun ve tamamen ısınana kadar 30-35 saniye buz çözme modunda ısıtın.

Çedar ve Piccalilli

1 kruvasan

Tereyağı veya margarin

2-3 ince dilim kaşar peyniri

15 ml/1 yemek kaşığı piccalilla

Kruvasanı ikiye bölün ve kesilen kenarlarına tereyağı veya margarin sürün. Peynir ve piccalilli ile birlikte bir sandviç. Bir tabağa koyun ve tamamen ısınana kadar 30-35 saniye buz çözme modunda ısıtın.

Dana Eti ve Soğan Turşusu

1 kruvasan

Ekşi krema içinde yaban turpu

2-3 dilim soğuk rosto dana eti

1 kahverengi turşu soğan, ince dilimlenmiş

Kruvasanı ikiye bölün ve kesilen kenarları kremalı yaban turpu ile yayın. Sığır eti ve soğan dilimleri ile birlikte bir sandviç. Bir tabağa koyun ve tamamen ısınana kadar 30-35 saniye buz çözme modunda ısıtın.

kruvasan pizza

1 kruvasan

15–20 ml/3–4 çay kaşığı pesto

3 ince dilim mozzarella peyniri

1 küçük domates, ince dilimlenmiş

2 adet çekirdeksiz siyah zeytin (çekirdeksiz) (isteğe bağlı)

Kruvasanı ikiye bölün ve kesilen taraflara pesto sos sürün. Malzemelerin geri kalanı ile sandviç. Bir tabağa koyun ve ılık olana kadar 40 saniye buz çözme modunda ısıtın.

Süzme peynir ve limon

1 kruvasan

limon lor

30 ml/2 yemek kaşığı süzme peynir

1 küçük elma, rendelenmiş

Kruvasanı ikiye bölün ve kesilen tarafları limonlu lor ile yayın. Süzme peynir ve bir elma ile bir sandviç. Bir tabağa koyun ve tamamen ısınana kadar 25-30 saniye buz çözme modunda ısıtın.

Baharatlı Reçel ve Muz

1 kruvasan
15 ml/1 yemek kaşığı kırmızı reçel (konserve)
1 küçük muz, dilimlenmiş
öğütülmüş tarçın

Kruvasanı ikiye bölün ve kesilen taraflara reçeli yayın. Sandviçi muz dilimleri ile kaplayın ve üzerine tarçın serpin. Bir tabağa koyun ve tamamen ısınana kadar 25-30 saniye buz çözme modunda ısıtın.

çikolata ve muz

Baharatlı reçel ve muz gibi hazırlayın, ancak reçeli çikolatalı hamur (konserve) ile değiştirin.

Tost ekmeği üzerine kuru fasulye

Çekirdeklerin çatlamasını önlemek için buz çözme sırasında mikrodalgada pişirilen geleneksel bir favori.

1 büyük tost
Tereyağı veya margarin (isteğe bağlı)
150 gr/2/3 su bardağı domates soslu kuru fasulye

Tostu tabağa koyun. Pürüzsüz bırakın veya üzerine tereyağı veya margarin sürün. Fasulye ile doldurun. Eriyene kadar 3½ dakika buz çözme modunda ısıtın.

Tost ekmeği üzerine peynirli fasulye

1 kişilik

Tost Fasulyesi gibi hazırlayın, ancak fasulyelerin üzerine 45ml/3 yemek kaşığı rendelenmiş Cheddar peyniri serpin. 15-20 saniye daha pişirin.

Tost üzerinde spagetti

1 kişilik

1 büyük tost
Tereyağı veya margarin (isteğe bağlı)
213 gr domates soslu 1 küçük kutu spagetti

Tostu tabağa koyun. Pürüzsüz bırakın veya üzerine tereyağı veya margarin sürün. Spagetti ile doldurun. Isınana kadar 2-2¼ dakika boyunca Açıkta Tam olarak ısıtın.

sarhoş alabalık

1 bütün alabalık, temizlenmiş ve yıkanmış
15 ml/1 yemek kaşığı tereyağı veya margarin
Tuz ve taze çekilmiş karabiber
Biber
30 ml/2 yemek kaşığı şeri

Alabalıkları tabağa alın. Tereyağını veya margarini 30 saniye boyunca Dolu'da üstü açık olarak eritin. Diğer tüm malzemeleri karıştırın ve balıkların üzerine kaşıkla yayın. Streç filmle (plastik sargı) örtün ve buharın çıkması için iki kez kesin. Buz çözme modunda 8 dakika pişirin. Yemekten önce 1 dakika bekletin.

Mayonezli nadir ton balığı

1 büyük dilim beyaz veya kahverengi tost

30 ml/2 yemek kaşığı mayonez

100 gr yağda konserve ton balığı, pul pul

30 ml/2 yemek kaşığı rendelenmiş Cheddar peyniri

Biber

Tostu bir tabağa koyun ve mayonez ile yayın. Ton balığı ile eşit şekilde doldurun. Peynir serpin ve kırmızı biber serpin. 2 dakika boyunca tamamen ısıtın.

Sarımsaklı tereyağlı yumuşak ringa balığı yumurtası

125 gr yumuşak ringa balığı yumurtası, yıkanmış ve süzülmüş

15 ml/1 yemek kaşığı tereyağı veya margarin

1 diş soyulmuş sarımsak

Tuz ve taze çekilmiş karabiber

1-2 taze soğan (arpacık), doğranmış

servis etmek için tost

Karacayı küçük ama derin bir tabağa koyun. Küçük parçalar halinde tereyağı veya margarin serpin ve üzerine sarımsakları ezin. Tatmak için mevsim. Streç filmle (plastik sargı) örtün ve buharın çıkması için iki kez kesin. Buz çözme modunda 5 dakika pişirin. 1 dakika kenara koyun. Ortaya çıkarın ve soğan serpin. Tostla ye.

30 ml/2 yemek kaşığı ketçap (catsup)

45 ml/3 yemek kaşığı kalın mayonez

5 ml/1 çay kaşığı Worcestershire sosu

5 ml/1 çay kaşığı orta kuru şeri

1,5 ml/¼ çay kaşığı Tabasco sosu

1 küçük pisi balığı, yaklaşık 225g/8oz, temizlenmiş ve kırpılmış

1 taze soğan (arpacık), doğranmış

Ketçap, mayonez, Worcestershire sosu, şeri ve tabascoyu karıştırın. Balıkları tabağa koyun. Sosu üzerine dökün ve soğan serpin. Streç filmle (plastik sargı) örtün ve buharın çıkması için iki kez kesin. Cilt çatlamaya başlayana kadar 3½-4 dakika Tam olarak pişirin. Yemekten önce 1 dakika bekletin.

Çin pisisi

Yumurtalı eriştenin yanına çok yakışan ev yapımı yemek

1 ceviz büyüklüğünde taze zencefil, soyulmuş ve doğranmış

1 diş sarımsak, ezilmiş

15 ml/1 yemek kaşığı teriyaki sos

2,5 ml/½ çay kaşığı Worcestershire sosu

10 ml/2 çay kaşığı kıyılmış kişniş yaprağı

1 küçük pisi balığı, yaklaşık 225g/8oz, temizlenmiş ve kırpılmış

1 taze soğan (arpacık), doğranmış

Zencefil, sarımsak, teriyaki sosu, Worcestershire sosu ve kişnişi karıştırın. Balıkları tabağa koyun. Ot ve sos karışımı ile fırçalayın ve soğan serpin. Streç filmle (plastik sargı) örtün ve buharın çıkması için

44

iki kez kesin. Cilt çatlamaya başlayana kadar 3½-4 dakika Tam olarak pişirin. Yemekten önce 1 dakika bekletin.

Tatlı ve Ekşi Bitkisel Ringa Balığı

Soslu ringa balığının baharatlı versiyonu.

1 taze ringa balığı, temizlenmiş, başsız ve yıkanmış
Tuz ve taze çekilmiş karabiber
15 ml/1 yemek kaşığı elma sirkesi
2,5 ml/½ çay kaşığı kurutulmuş otlar
2,5 ml/½ çay kaşığı yumuşak kahverengi şeker

Ringa balığı etli tarafı yukarı gelecek şekilde bir tabağa koyun. Tuz ve karabiber serpin. Sirkeyi otlar ve şekerle çırpın ve bir kaşıkla balığın üzerine koyun. Streç filmle (plastik sargı) örtün ve buharın çıkması için iki kez kesin. Et yumuşayana ve yumuşayana kadar buz çözme modunda 3½ ila 4 dakika pişirin. Yemekten önce 1 dakika bekletin.

1 somon bifteği, yaklaşık 200 gr, yıkanmış ve kurutulmuş

30 ml/2 yemek kaşığı limon suyu

30 ml/2 yemek kaşığı beyaz şarap veya su

tuz ve beyaz biber

Servis etmek için eritilmiş tereyağı veya mayonez

Somonu sığ yuvarlak bir tabağa koyun. Üzerine limon suyu ve şarap veya su ekleyin. Tuz ve karabiber serpin. Streç filmle (plastik sargı) örtün ve buharın çıkması için iki kez kesin. Buz çözme modunda 6-7 dakika pişirin. 1½ dakika kenara koyun. Eritilmiş tereyağı ile ılık veya mayonez ile soğuk yiyin.

Kişnişli Narenciye Buz Patenleri

1 adet fan kanadı, yaklaşık 200 g/7 ons

15 ml/1 yemek kaşığı fıstık veya mısır yağı

45 ml/3 yemek kaşığı taze sıkılmış portakal suyu

30 ml/2 yemek kaşığı kişniş (kişniş) yaprağı, ince kıyılmış

Çin yumurtalı erişte, taze pişmiş

10 ml/2 çay kaşığı susam yağı

Bebek mısır (mısır), servis etmek için (isteğe bağlı)

Balıkları geniş bir yemek tabağına alın. Fıstık veya mısır yağı ile portakal suyunu birleştirin ve 1 dakika buz çözme modunda ısıtın. Kaşık üstüne kaşık. Kişniş serpin. Streç filmle (plastik sargı) örtün ve buharın çıkması için iki kez kesin. 4 dakika boyunca Tam olarak pişirin. 1 dakika kenara koyun. Bir tencerede makarnaya susam yağı ekleyin ve iyice karıştırın. İsterseniz bir kaşık erişte ve tatlı mısır yiyin.

uskumru, temizlenmiş, kafası çıkarılmış ve yıkanmış
15 ml/1 yemek kaşığı domates suyu
5 ml/1 çay kaşığı pesto
2,5 ml/½ çay kaşığı rendelenmiş limon kabuğu rendesi
Tuz ve taze çekilmiş karabiber
Servis için Ciabatta ekmeği veya makarna

Balıkları etli tarafı yukarı gelecek şekilde bir tabağa koyun. Pesto ve limon kabuğu rendesi ile domates suyunu çırpın ve kaşıkla balıkların üzerine dökün. Tuz ve karabiber serpin. Streç filmle (plastik sargı) örtün ve buharın çıkması için iki kez kesin. Et parçalanmaya başlayana kadar 3½-4 dakika buz çözme modunda pişirin. Yeniden ısıtılmış ciabatta veya pişmiş makarna ile yemeden önce 1 dakika bekletin.

Tandır uskumru

1 uskumru, temizlenmiş, kafası çıkarılmış ve yıkanmış

15 ml/1 yemek kaşığı limon suyu

Tuz

5 ml/1 çay kaşığı tandır baharatı

Karışık salata

1 naan ekmeği

Balıkları etli tarafı yukarı gelecek şekilde bir tabağa koyun. Limon suyu serpin, tadına göre tuz ve baharat karışımı. Streç filmle (plastik sargı) örtün ve buharın çıkması için iki kez kesin. Et yumuşayana ve yumuşayana kadar buz çözme modunda 3½ ila 4 dakika pişirin. Salata ve naan ekmeği ile yemeden önce 1 dakika bekletin.

Bin Yapraklı Yengeçli Mezgit Balığı

1 mezgit biftek veya bir parça deri fileto, yaklaşık 200 gr, yıkanmış ve kurutulmuş

45 ml/3 yemek kaşığı panelenmiş yengeç

2,5 cm/1 adet doğranmış taze zencefil kökü

1 taze soğan (arpacık), doğranmış

1 diş sarımsak, ezilmiş

25 ml/1 ½ yemek kaşığı koyu mayonez

2,5 ml/½ çay kaşığı soya sosu

2,5 ml/½ çay kaşığı biber sosu

5 ml/1 çay kaşığı malt sirkesi

Balıkları yemek tabağına alın. Yengeci zencefil, soğan ve sarımsakla birlikte bir kaseye atın. Malzemelerin geri kalanını ekleyin ve iyice karıştırın. Balığı bıçakla bulaştırın. Streç filmle (plastik sargı) örtün ve buharın çıkması için iki kez kesin. Buz çözme modunda 8½ dakika pişirin. Yemekten önce bir buçuk dakika bekletin.

Narin bitki sosu, balığı mükemmel bir şekilde tamamlar. İsterseniz berlam balığı veya mezgit kullanın.

1 morina biftek, yaklaşık 200 gr, yıkanmış ve kurutulmuş

10 ml/2 çay kaşığı tereyağı veya margarin

30 ml/2 yemek kaşığı tek (hafif) krema

30 ml/2 yemek kaşığı kuru limon ve kekik karışımı

Biber

30 ml/2 yemek kaşığı kıyılmış maydanoz

Balıkları sığ yuvarlak bir tabağa koyun. Tereyağını veya margarini yaklaşık 30 saniye eritin. Kremayı karıştırın ve balığın üzerine dökün. Doldurma karışımını üstüne serpin ve ekstra renk için kırmızı biber serpin. Streç filmle (plastik sargı) örtün ve buharın çıkması için iki kez kesin. Buz çözme modunda 6-7 dakika pişirin. 1½ dakika kenara koyun. Yemeden önce maydanoz serpin.

İyi bir eşin morina balığı

Klasik, bonne femme olarak da bilinir. Mutfak açısından bu, soğan, mantar ve tütsülenmemiş domuz pastırması ile pişirilen her şey anlamına gelir.

30 ml/2 yemek kaşığı tereyağı veya margarin
1 küçük soğan, iri kıyılmış
Kapağı kapalı, kesilmiş ve dilimlenmiş 4 mantar
2 dilim (dilim) yağsız, tütsülenmemiş domuz pastırması, şeritler halinde kesilmiş
1 büyük morina biftek, yaklaşık 225g/8oz
Süslemek için kıyılmış maydanoz

Tereyağı veya margarini 600ml/1 adet/2½ fincan yuvarlak sığ bir tabağa koyun. Buz çözmede 1½ dakika boyunca açıkta eritin. Soğan, mantar ve pastırmayı karıştırın. Streç filmle (plastik sargı) örtün ve buharın çıkması için iki kez kesin. 2 dakika boyunca Tam pişirin. Karıştırın, ardından balığı üstüne koyun. Daha önce olduğu gibi örtün ve 4½-5 dakika Tam olarak pişirin. 1 dakika kenara koyun. Ortaya çıkarın ve maydanoz serpin. Hemen ye.

Fransızca Cod

225 gr morina filetosu, kalın tarafından kesilmiş

50 gr dilimlenmiş mantar

15 ml/1 yemek kaşığı tereyağı veya margarin

1 diş sarımsak, ezilmiş

5 ml/1 çay kaşığı Fransız hardalı

15 ml/1 yemek kaşığı sek beyaz şarap veya calvados

Tuz

Morina bir tabağa koyun ve üzerine mantar serpin. Kalan malzemeleri küçük bir tabağa koyun, tadına göre tuzlayın ve buzunu çözerek 1½ dakika ısıtın. Balık ve mantarların üzerine kaşıkla yayın. Streç filmle (plastik sargı) örtün ve buharın çıkması için iki kez kesin. 4 dakika boyunca Tam olarak pişirin. Yemekten önce 1 dakika bekletin.

1 büyük morina biftek, yaklaşık 225g/8oz

Sarımsaklı ve otlar ile 50 gr krem peynir

25 gr/1 ons/¼ fincan sert çedar peyniri, rendelenmiş

15 ml/1 yemek kaşığı domates ketçapı (catsup)

15 ml/1 yemek kaşığı ezilmiş mısır gevreği veya patates cipsi (cips)

Balığı 600 ml/1 adet/2½ fincan sığ yuvarlak tabağa koyun. Krem peynir ile fırçalayın ve Cheddar peyniri serpin. Üzerine ketçap serpin. Streç filmle (plastik sargı) örtün ve buharın çıkması için iki kez kesin. 5 dakika boyunca Tam pişirin. 1 dakika kenara koyun. Ortaya çıkarın ve mısır gevreği veya cips serpin. Hemen ye.

Hindistan Cevizli Körili Morina

225g/8oz morina filetosu, derisiz, dip kısmı kesilmiş

15 ml/1 yemek kaşığı tereyağı veya margarin, pişirme sıcaklığında

2,5 ml/½ çay kaşığı hafif köri

15 ml/1 yemek kaşığı ince kıyılmış (doğranmış) hindistan cevizi

15 ml/1 yemek kaşığı tek (hafif) krema

Tuz ve taze çekilmiş karabiber

Biber

Garnitür için doğranmış kişniş (kişniş) yaprakları

Morina bir tabağa koyun ve bir kenara koyun. Tereyağı veya margarini, köriyi, hindistan cevizini ve kremayı küçük bir kaba alıp iyice çırpın. Buz çözmede 1 dakika ısıtın. Bir kaşıkla morina serpin ve tadına bakmak için tuz ve karabiber serpin. Kırmızı biber serpin. Streç filmle (plastik sargı) örtün ve buharın çıkması için iki kez kesin. 4 dakika boyunca Tam olarak pişirin. 1 dakika kenara koyun. Ortaya çıkarın ve kişniş serpin. Hemen ye.

balık sosu

225 gr/8 ons morina derisi veya mezgit filetosu, popo ucunu kesin

30 ml/2 yemek kaşığı sarımsak ve bitki sosu aldım

6 taze tarhun veya fesleğen yaprağı veya tere dalı

Balıkları bir tabağa koyun ve sosu yayın. Bitki yaprakları veya tere dallarıyla süsleyin. Streç filmle (plastik sargı) örtün ve buharın çıkması için iki kez kesin. 4 dakika boyunca Tam olarak pişirin. Yemekten önce 1 dakika bekletin.

Sürahili Kipper

Hayal edin... kalıcı koku olmadan ringa balığı! Bir zamanlar ringa balığı bir sürahi sıcak suya bırakılarak pişirilirdi ama bu mikrodalga yöntemi de kusursuz ve benzer bir iş yapıyor.

1 orta boy ringa balığı filetosu, dondurulduktan sonra çözülmüş

Tereyağı veya margarin

Ringayı sığ 20 cm/8 kare bir tabağa koyun. Balığın üzerini kapatacak kadar soğuk su ekleyin. Streç filmle (plastik sargı) örtün ve buharın çıkması için iki kez kesin. 6 dakika boyunca Tam pişirin. 2 dakika kenara koyun. Ortaya çıkarın ve kurutun. Üzerine tereyağ veya margarin gezdirerek servis yapın.

Fin mezgit balığı

125 gr ağırlığında tütsülenmiş mezgit balığı filetosunun kalın ucundan
kesilmiş
300 ml/½ puan/1¼ bardak soğuk su
Servis için tereyağı veya margarin veya 1 haşlanmış yumurta (isteğe
bağlı)

Balığı 600 ml/1 adet/2½ fincan sığ yuvarlak tabağa koyun. Suyun
yarısını ekleyin. Streç filmle (plastik sargı) örtün ve buharın çıkması
için iki kez kesin. 3 dakika boyunca Tam pişirin. Ortaya çıkarın ve
kurutun. Kalan suyu kullanarak tekrarlayın ve daha önce olduğu gibi
örtün. Tekrar açın ve süzün, ardından 2 dakika daha bütün olarak
pişirin. Ortaya çıkarın ve kurutun. Bir tabağa aktarın ve bir parça
tereyağı veya margarinle veya geleneksel olarak haşlanmış yumurtayla
kaplayın.

Balık pastası

175 gr un patates, soyulmuş ve doğranmış

45 ml/3 yemek kaşığı soğuk su

Tuz

5 ml/1 çay kaşığı tereyağı veya margarin

15 ml/1 yemek kaşığı süt

15 ml/1 yemek kaşığı kıyılmış maydanoz

Her biri 225 gr / 8 ons beyaz balık veya derisiz somon fileto

30 ml/2 yemek kaşığı ezilmiş patates cipsi (patates kızartması) veya

mısır gevreği

Patatesleri 600 ml/1 adet/2½ fincan yuvarlak bir tabağa koyun. 30 ml/2 yemek kaşığı su ve 2,5 ml/½ çay kaşığı tuz ekleyin. Streç filmle (plastik sargı) örtün ve buharın çıkması için iki kez kesin. 4 dakika boyunca Tam olarak pişirin. 1 dakika kenara koyun. Süzün ve tereyağı veya margarin ve sütle iyice ovalayın. Maydanozu bir çatalla karıştırın. Balıkları küçük yuvarlak bir tabağa koyun ve tuzlayın. Kalan soğuk suyu ekleyin. Daha önce olduğu gibi örtün ve 3 dakika boyunca Tam olarak pişirin. Süzün ve parçalayın. Patates karışımı ile birleştirin. Tereyağı ile yağlanmış temiz bir tepsiye yayın. Cips veya mısır gevreği serpin. 2 dakika boyunca tamamen ısıtın.

Macar Tavuğu

Magyar klasiğine dayanan harika bir zevk.

1 kemiksiz tavuk göğsü, yaklaşık 150 gr, derisiz

15 ml/1 yemek kaşığı kuru karışık biber gevreği

15 ml/1 yemek kaşığı dilimlenmiş kuru mantar

15 ml/1 yemek kaşığı kuru soğan

45 ml/3 yemek kaşığı kaynar su

60 ml/4 yemek kaşığı ekşi krema

15 ml/1 yemek kaşığı domates püresi (salça)

5 ml/1 çay kaşığı kırmızı biber

Tuz ve taze çekilmiş karabiber

Servis için haşlanmış makarna veya yeni patates

Tavuğu yıkayın ve mutfak kağıdıyla kurulayın. İnce şeritler halinde dilimleyin, sonra bir kenara koyun. Tüm kurutulmuş sebzeleri 600ml/1pc/2½ fincan yuvarlak bir tabağa koyun ve suyla karıştırın. Streç filmle (plastik sargı) örtün ve buharın çıkması için iki kez kesin. Buz çözme modunda 5 dakika pişirin. 4 dakika bekletin. Tavuk şeritlerini üstüne koyun. Daha önce olduğu gibi örtün ve 2 dakika boyunca Tam olarak pişirin. Malzemelerin geri kalanını karıştırın, tatmak için baharat. Tavuk ve sebze ekleyin. Daha önce olduğu gibi örtün ve 3 dakika boyunca Tam olarak pişirin. 2 dakika kenara koyun. Taze pişmiş makarna veya yeni patates ile yemeden önce karıştırın.

Hızlı Tavuk à la King

1960'lardan ve 1970'lerden, Kuzey Amerika yemekleri burada popülerlik kazanmaya başladığında. Sade bir çörek (bisküvi) veya kızarmış çörek veya krep ile yiyin.

1 adet kısmen kemiksiz tavuk göğsü, yaklaşık 200 gr, derisiz
15 ml/1 yemek kaşığı kuru karışık biber gevreği
15 ml/1 yemek kaşığı dilimlenmiş kuru mantar
7,5 ml/1½ çay kaşığı mısır unu (mısır unu)
30 ml/2 yemek kaşığı orta kuru şeri
75 ml/5 yemek kaşığı tek (hafif) krema veya tam yağlı süt
Tuz ve taze çekilmiş karabiber

Tavuğu 600 ml/1 adet/2½ fincan yuvarlak bir tabağa koyun. Kırmızı biber gevreği ve mantar serpin. Streç filmle (plastik sargı) örtün ve buharın çıkması için iki kez kesin. 4 dakika boyunca Tam olarak pişirin. Mısır unu ve şeri pürüzsüz olana kadar karıştırın, ardından krema veya sütü ekleyin. Tatmak için mevsim. Tavuğun üzerini açın ve mısır unu karışımına bulayın. Daha önce olduğu gibi örtün ve 2½ dakika boyunca Tam olarak pişirin. Yemekten önce 2½ dakika bekletin.

av tavuğu

Aslen İtalyan olan bu sıcak ve karakterli siyah zeytin aromalı bir güveçtir. Çocuklar için pilav, patates köftesi veya makarna ile yiyin.

1 adet kısmen kemiği çıkarılmış tavuk göğsü, yaklaşık 200g/7oz

1 diş sarımsak, ezilmiş

50 gr mantar, ince dilimler halinde kesilmiş

8 adet siyah zeytin

2 domates, beyazlatılmış, derili ve dilimlenmiş

10 ml/2 çay kaşığı kıyılmış fesleğen yaprağı

Tuz

Tavuğu yıkayın ve mutfak kağıdıyla kurulayın. 600 ml/1 adet/2½ fincan kapasiteli bir kaba koyun. Sarımsak serpin. Streç filmle (plastik sargı) örtün ve buharın çıkması için iki kez kesin. 4 dakika boyunca Tam olarak pişirin. Keşfetmek. Tadına tuz ekleyerek tavuğu diğer tüm malzemelerle serpin. Daha önce olduğu gibi örtün ve 2 dakika boyunca Tam olarak pişirin. Yemekten önce 2 dakika bekletin.

kabaklı tavuk

Özel Cadılar Bayramı.

1 kemiksiz tavuk göğsü, yaklaşık 150 gr, derisiz

2 dilim (dilim) yağsız domuz pastırması, doğranmış

50 gr/2 ons/¾ fincan doğranmış kabak eti

50 gr dilimlenmiş mantar

5 ml/1 çay kaşığı mısır unu (mısır unu)

5 ml/1 çay kaşığı toz bulyon veya 10 ml/2 çay kaşığı granül sos

60 ml/4 yemek kaşığı elma suyu veya su

Tuz ve taze çekilmiş karabiber

Tavuğu yıkayın ve mutfak kağıdı üzerinde kurutun. Şeritler halinde kesin. 600ml/1pc/2½ fincan yuvarlak bir tabağa koyun. Pastırmayı tavukla kalan malzemelerle karıştırın, tadına bakın. Streç filmle (plastik sargı) örtün ve buharın çıkması için iki kez kesin. 6 dakika boyunca Tam pişirin. 1½ dakika bekletin, sonra yemeden önce karıştırın.

Kiev soslu tavuk

Bir süpermarket favorisinin orijinal uyarlaması.

1 adet kısmen kemiksiz tavuk göğsü, yaklaşık 200 gr, derisiz

Tuz ve taze çekilmiş karabiber

15 ml/1 yemek kaşığı tereyağı

30 ml/2 yemek kaşığı kıyılmış maydanoz

1 diş sarımsak, ezilmiş

10 ml/2 çay kaşığı limon suyu

Tavuğu 600 ml/1 adet/2½ fincan yuvarlak bir tabağa koyun. Tatmak için mevsim. Tereyağını veya margarini yaklaşık 1 dakika eritin. Kalan malzemeleri karıştırıp tavukların üzerine gezdirin. Streç filmle (plastik sargı) örtün ve buharın çıkması için iki kez kesin. 5 dakika boyunca Tam pişirin. Yemekten önce 2 dakika bekletin.

Penang Fındıklı Tavuk

225g / 8oz tavuk budu kabuğu

45 ml/3 yemek kaşığı pürüzsüz fıstık ezmesi

1,5 ml/¼ çay kaşığı kırmızı biber

1 diş sarımsak, ezilmiş

15 ml/1 yemek kaşığı kuru (doğranmış) hindistan cevizi

75 ml/5 yemek kaşığı süt

15 ml/1 yemek kaşığı limon suyu

Keskin bir bıçakla her bir butun etini iki yerden kesin. 600 ml/1 adet/2½ fincan yuvarlak bir tabağa yerleştirin. Streç filmle (plastik sargı) örtün ve buharın çıkması için iki kez kesin. 4 dakika boyunca Tam olarak pişirin. 2 dakika kenara koyun. Keşfetmek. Kalan malzemeleri karıştırıp tavukların üzerine gezdirin. 3½ dakika buz çözme modunda üstü açık olarak pişirin. karıştır. Daha önce olduğu gibi örtün ve 2 dakika boyunca Tam olarak pişirin. Yemekten önce 3 dakika bekletin.

sebzeli tavuk güveç

15 ml/1 yemek kaşığı zeytinyağı veya mısır yağı

1 büyük havuç, rendelenmiş

1 büyük soğan, rendelenmiş

2 kereviz sapı, ince dilimlenmiş

1 kemiksiz tavuk göğsü, yaklaşık 150 gr, derisiz

3 adet olgun domates, beyazlatılmış, kabukları soyulmuş ve dilimlenmiş

45 ml/3 yemek kaşığı kırmızı veya pembe şarap

Tuz ve taze çekilmiş karabiber

2,5 ml/½ çay kaşığı kurutulmuş bitki karışımları

Yağı 600 ml/1 adet/2½ fincan yuvarlak bir tabağa dökün. Buz çözmede 1 dakika ısıtın. sebze ekleyin. 3 dakika boyunca ağzı açık olarak Tam modda pişirin. Tavuk etini keskin bir bıçakla iki yerinden dilimleyin. Sebzelerin üzerine yerleştirin. Domates ve şarapla süsleyin. Tatmak için baharatlayın ve otlar serpin. Streç filmle (plastik sargı) örtün ve buharın çıkması için iki kez kesin. Tam ayarda 7½ dakika pişirin. Yemekten önce 4 dakika bekletin.

Dieter'in Marine Edilmiş Soğan Tavuğu

Zahmetsiz ve çok az yağlı.

225g / 8oz tavuk budu kabuğu

1,5 ml/¼ çay kaşığı kırmızı biber

5 ml/1 çay kaşığı toz bulyon veya 10 ml/2 çay kaşığı granül sos

10 ml/2 çay kaşığı sıcak su

2,5 ml/½ çay kaşığı Worcestershire sosu

2 kahverengi turşu soğan, ince dilimlenmiş

Tavuğu 600 ml/1 adet/2½ fincan yuvarlak bir tabağa koyun. Kırmızı biber serpin. Soğan hariç kalan malzemeleri iyice birleştirin. Tavuğun üzerine dökün ve soğan dilimleri ile süsleyin. Streç filmle (plastik sargı) örtün ve buharın çıkması için iki kez kesin. Tam ayarda 5½ dakika pişirin. Yemekten önce 2 dakika bekletin.

225g / 8oz tavuk budu kabuğu

5 ml/1 çay kaşığı orta boy köri

200g/7oz/1 küçük konserve havuç, süzülmüş

2 tutam öğütülmüş zencefil

1,5 ml/¼ çay kaşığı sarımsak tuzu

2,5 ml/½ çay kaşığı mısır unu (mısır unu)

15 ml/1 yemek kaşığı soğuk süt

Tavuğu 600 ml/1 adet/2½ fincan yuvarlak bir tabağa koyun ve üzerine köri serpin. Streç filmle (plastik sargı) örtün ve buharın çıkması için iki kez kesin. 5 dakika boyunca Tam pişirin. Bu arada havuçları ince ince rendeleyin. Malzemelerin geri kalanını karıştırın. Tavuğu ortaya çıkarın ve havuç karışımına bulayın. Daha önce olduğu gibi örtün ve 2½ dakika boyunca Tam olarak pişirin. Yemekten önce 3 dakika bekletin.

75 gr taze fasulye filizi, durulanmış ve süzülmüş

3 taze soğan (arpacık), doğranmış

225g / 8oz tavuk budu kabuğu

7,5 ml/1½ çay kaşığı sos granülleri veya stok tozu

30 ml/2 yemek kaşığı kaynar su

10 ml/2 çay kaşığı orta kuru şeri

Tuz ve taze çekilmiş karabiber

Servis için haşlanmış yasemin pirinci veya Çin eriştesi

Fasulye filizlerini 600 ml/1 adet/2½ fincan yuvarlak bir tabağa koyun. Frenk soğanı serpin. Tavuğu üstüne koyun. Sos granüllerini veya bulyon tozunu suyla karıştırın, ardından şeriyi ekleyin. Tatmak için mevsim. Tavuğun üzerine kaşıkla. Streç filmle (plastik sargı) örtün ve buharın çıkması için iki kez kesin. 5½-6 dakika Tam olarak pişirin. Yaseminli pilav veya erişte ile yemeden önce 3 dakika bekletin.

tavuk turşusu

225g/8oz tavuk butları, derisiz

2 adet olgun şeftali veya nektarin, ikiye bölünmüş, çekirdekleri

çıkarılmış ve doğranmış

Taze limon veya misket limonu suyu

Biber

Tuz

45 ml/3 yemek kaşığı mango turşusu

taşlanmış 2 hurma

Her bagetin etini keskin bir bıçakla üç yerden dilimleyin. Doğranmış meyveyi tabağın ortasına kesin ve üzerine limon veya misket limonu suyu serpin. Butları en üste, etli kısımları tabağın kenarına gelecek şekilde dizin. Kırmızı biber ve tuz serpin ve Hint turşusunun üzerine serpin. Streç filmle (plastik sargı) örtün ve buharın çıkması için iki kez kesin. 6 dakika boyunca Tam pişirin. 4 dakika bekletin. Yemeden önce üzerini açın ve hurmalarla süsleyin.

ananaslı tavuk

Hawaii tadı için Chutney Chicken gibi hazırlayın, ancak doğranmış şeftali veya nektarin yerine 1 konserve ananas halkası kullanın. Dekorasyon için kızarmış hindistancevizi serpin.

225g/8oz tavuk butları, derisiz

1 olgun küçük-orta avokado

5–10 ml/1–2 çay kaşığı biber sosu

10 ml/2 çay kaşığı taze limon suyu

2 domates, beyazlatılmış, kabuklu ve iri doğranmış

2,5 ml/½ çay kaşığı tuz

Hizmet etmek için tortilla cipsleri

Her bagetin etini keskin bir bıçakla üç yerden dilimleyin. Etli kısımlar kenara gelecek şekilde 20 cm'lik bir tepsiye dizin. Streç filmle (plastik sargı) örtün ve buharın çıkması için iki kez kesin. 4 dakika boyunca Tam olarak pişirin. Avokadoyu ikiye bölün ve posayı çıkarın. Biber sosu ve limon suyu ile ince rendeleyin. Tavuğu ortaya çıkarın ve avokado karışımına bulayın. Domatesle süsleyin ve tuz serpin. Daha önce olduğu gibi örtün ve 2½-3 dakika Tam olarak pişirin. Tortilla cipsi ile yemeden önce 3 dakika bekletin.

Her bagetin etini keskin bir bıçakla üç yerden dilimleyin. Derin bir yemek tabağına etli kısımlar kenara gelecek şekilde dizin. Acıyı azaltmak için hindibanın tabanından koni şeklindeki çekirdeği çıkarın. Hindibayı uzunlamasına ikiye kesin ve tavuğu her iki tarafına yerleştirin. Üstüne kereviz dilimleri serpin. Kalan malzemeleri karıştırıp tavukların üzerine dökün. Streç filmle (plastik sargı) örtün ve buharın çıkması için iki kez kesin. 6½-7 dakika Tam olarak pişirin. Yemekten önce 3 dakika bekletin.

tavuk yanıyor

225g/8oz tavuk butları, derisiz

90 ml/6 yemek kaşığı koyu kremalı doğal yoğurt

Şişede 5 ml/1 çay kaşığı kremalı yaban turpu

5 ml/1 çay kaşığı kıta hardalı

2,5 ml/½ çay kaşığı kırmızı biber

2,5 ml/½ çay kaşığı soğan veya sarımsak tuzu

30 ml/2 yemek kaşığı tuzlu yer fıstığı, iri kıyılmış

Servis için haşlanmış taze patates ve yeşil salata

Her bagetin etini keskin bir bıçakla üç yerden dilimleyin. Etli kısımlar kenara gelecek şekilde 600 ml/1 adet/2½ fincanlık bir kaba dizin. Streç filmle (plastik sargı) örtün ve buharın çıkması için iki kez kesin. 5 dakika boyunca Tam pişirin. Yoğurt, turp, hardal, kırmızı biber ve soğan veya sarımsak tuzunu iyice karıştırın. Tavukların üzerini açıp, yoğurtlu ve fıstıklı kaplamaya bulayın. Daha önce olduğu gibi örtün ve 2 dakika boyunca Tam olarak pişirin. Yemekten önce 3 dakika bekletin.

Portekiz Limanı Tavuğu

225 gr / 8 ons parmak tavuk

1 diş sarımsak, ezilmiş

1,5 ml/¼ çay kaşığı kuru kekik

Tuz ve taze çekilmiş karabiber

Biber

75 gr dilimlenmiş mantar

30 ml/2 yemek kaşığı liman

Her bagetin etini keskin bir bıçakla üç yerden dilimleyin. Etli kısımlar kenara gelecek şekilde 600 ml/1 adet/2½ fincanlık bir kaba dizin. Tatmak için sarımsak ve kekik ve tuz, karabiber ve kırmızı biber serpin. Streç filmle (plastik sargı) örtün ve buharın çıkması için iki kez kesin. 4 dakika boyunca Tam olarak pişirin. Ortaya çıkarın ve mantarlarla çevreleyin. Limanı su bas. Yukarıdaki gibi örtün ve 3 dakika boyunca Tam olarak pişirin. Yemekten önce 3 dakika bekletin.

Kızartma için tavuk modeli

1 kabak (ince dilimler halinde kesilmiş)

4 taze soğan (arpacık), doğranmış

1 kemiksiz tavuk göğsü, yaklaşık 150 gr, derisiz

15 ml/1 yemek kaşığı soya sosu

600 ml/1 pt/2½ fincan tabağın dibine kabak dilimlerini dizin ve üzerine soğan serpin. Tavuk etini keskin bir bıçakla iki yerinden dilimleyin. Sebzelerin üzerine dizin ve üzerine soya sosu gezdirin. Streç filmle (plastik sargı) örtün ve buharın çıkması için iki kez kesin. 4-4½ dakika Tam olarak pişirin. Yemekten önce 3 dakika bekletin.

Tavuk ve pirinç suyu

200 gr tavuk kanadı

15 ml/1 yemek kaşığı pişirmesi kolay uzun taneli pirinç

15 ml/1 yemek kaşığı kuru doğranmış soğan

15 ml/1 yemek kaşığı kıyılmış maydanoz veya kişniş (kişniş)
Granül veya toz halinde 5 ml/1 çay kaşığı sos
150 ml/¼ puan/2/3 su bardağı sıcak su
Tuz ve taze çekilmiş karabiber

Tavuğu 600 ml/1 adet/2½ fincanlık bir kaba koyun. Streç filmle (plastik sargı) örtün ve buharın çıkması için iki kez kesin. 2½ dakika Tam olarak pişirin. 2 dakika kenara koyun. Örtün ve pirinç, soğan, otlar ve sos granülleri veya su ile karıştırılmış bulyon tozu ekleyin. Tatmak için mevsim. Daha önce olduğu gibi örtün ve buz çözme modunda 7 dakika pişirin. Yemekten önce 3 dakika bekletin.

mantarlı tavuk

200 gr tavuk göğüs eti, küp doğranmış
150 ml/5 fl oz/½ kutu Yoğunlaştırılmış Mantar Çorbası
30 ml/2 yemek kaşığı kavrulmuş (doğranmış) badem gevreği

Tavuğu 600 ml/1 adet/2½ fincan tabakta gevşek bir halka şeklinde düzenleyin. Streç filmle (plastik sargı) örtün ve buharın çıkması için iki kez kesin. 2½ dakika Tam olarak pişirin. Çorbanın üzerini kapatıp iyice karıştırın. Daha önce olduğu gibi örtün ve buz çözme modunda 4 dakika pişirin. 2 dakika kenara koyun. Ortaya çıkarın ve badem serpin. Hemen ye.

hardallı tavşan

225 gr/8 ons tavşan parçaları
10 ml/2 çay kaşığı mısır unu (mısır unu)

5 ml/1 çay kaşığı İngiliz hardalı tozu
Tuz
25 ml/1½ yemek kaşığı domates ketçapı (catsup)
150 ml/¼ puan/2/3 fincan tam yağlı süt

Tavşanı 600 ml/1 adet/2½ fincanlık bir kaba koyun. Streç filmle (plastik sargı) örtün ve buharın çıkması için iki kez kesin. 3 dakika boyunca Tam pişirin. Bu arada mısır unu (mısır unu), hardal ve tuzu tatlandırmak için karıştırın. Yavaş yavaş ketçap ve sütü ekleyin ve pürüzsüz olana kadar karıştırın. Tavşanı ortaya çıkarın ve hardal karışımı ile kaplayın. Daha önce olduğu gibi örtün ve 3½ dakika Tam olarak pişirin. Yemekten önce 3 dakika bekletin.

Gürleyen Tavşan
225 gr/8 ons tavşan parçaları

1 küçük soğan, çok ince dilimlenmiş ve halkalara ayrılmış

25 ml/1½ yemek kaşığı mısır unu (mısır unu)

½ kutu veya misket limonu veya limon aromalı küçük bir şişe köpüklü

maden suyu

Granül veya toz halinde 5 ml/1 çay kaşığı sos

15 ml/1 yemek kaşığı sıcak su

Tuz ve taze çekilmiş karabiber

Tavşanı 600 ml/1 adet/2½ fincanlık bir tabağa koyun ve üzerine soğan halkalarını yerleştirin. Streç filmle (plastik sargı) örtün ve buharın çıkması için iki kez kesin. Tam ayarda 3½ dakika pişirin. Malzemelerin geri kalanını pürüzsüz olana kadar karıştırın. Tavşanı açın ve sos karışımını üzerine dökün. Daha önce olduğu gibi örtün ve 3½ dakika Tam olarak pişirin. Yemekten önce 3 dakika bekletin.

Türkiye ve küçük bezelye

175g / 6oz kızarmış hindi

15 ml/1 yemek kaşığı sade (çok amaçlı) un

Sirke ile marine edilmiş 3 soğan, ince dilimlenmiş

60 ml/4 yemek kaşığı petit pois, konserve veya dondurulmuş

30 ml/2 yemek kaşığı süt

Tuz ve taze çekilmiş karabiber

30 ml/2 yemek kaşığı ezilmiş patates cipsi (cips)

1 kabuklu patates, servis için

Hindiyi 600 ml/1 adet/2½ fincanlık bir kaba koyun. Streç filmle (plastik sargı) örtün ve buharın çıkması için iki kez kesin. 3 dakika boyunca Tam pişirin. Keşfedin ve karıştırın. Cips hariç diğer tüm malzemeleri karıştırın. Yukarıdaki gibi örtün ve 2 dakika boyunca Tam olarak pişirin. 2 dakika kenara koyun. Ortaya çıkarın, karıştırın ve cips serpin. Kabuklu patatesleri bölün, doldurun ve kısmen hindi karışımı ile kaplayın.

Erik ve armagnac ile hindi

12 adet çekirdeksiz (çekirdeksiz) kuru erik

45 ml/3 yemek kaşığı ılık su

175g/6oz hindi göğüs filetosu, ince doğranmış

1 pırasa, ince dilimler halinde kesilmiş

15 ml/1 yemek kaşığı sade (çok amaçlı) un
30 ml/2 yemek kaşığı Armagnac veya diğer brendi
Tuz ve taze çekilmiş karabiber

Kuru erikleri 1 saat ılık suda bekletin. Hindi ve pırasayı 600 ml/1 adet/2½ fincanlık bir tabağa koyun. Un ekle. Streç filmle (plastik sargı) örtün ve buharın çıkması için iki kez kesin. 4 dakika boyunca Tam olarak pişirin. Ortaya çıkarın ve kuru erikleri karıştırın, suya ve diğer tüm malzemelere batırın, tadına göre baharatlayın. Daha önce olduğu gibi örtün ve 2 dakika boyunca Tam olarak pişirin. Yemekten önce 3 dakika bekletin.

elma şarabında türkiye

10 ml/2 çay kaşığı tereyağı veya margarin
175g/6oz hindi göğüs filetosu, ince doğranmış
1 diş sarımsak, ezilmiş

15 ml/1 yemek kaşığı mısır unu (mısır unu)
tatmak için tuz
Granül veya toz halinde 5 ml/1 çay kaşığı sos
2,5–5 ml/½–1 çay kaşığı hardal tozu
120ml/4oz/½ fincan kuru elma şarabı
Servis için patates püresi ve yeşillik

Tereyağı veya margarini 600ml/1 adet/2½ fincanlık bir kaba koyun. 30-45 saniye buzunu çözerken üstü açık olarak eritin. Hindi ve sarımsakla karıştırın. Streç filmle (plastik sargı) örtün ve buharın çıkması için iki kez kesin. Tam ayarda 3½ dakika pişirin. Elma şarabı ile pürüzsüz olana kadar kalan kuru malzemeleri birleştirin. Hindiyi açın ve elma şarabı karışımını karıştırın. Daha önce olduğu gibi örtün ve 3 dakika boyunca Tam olarak pişirin. Patates püresi ve yeşil sebze ile yemeden önce 3 dakika bekletin.

pembe hindi

10 ml/2 çay kaşığı tereyağı veya margarin
1 küçük soğan, doğranmış
175g/6oz hindi göğüs filetosu, ince doğranmış

15 ml/1 yemek kaşığı mısır unu (mısır unu)

Tuz ve taze çekilmiş karabiber

1,5 ml/¼ çay kaşığı kırmızı biber

120ml/4oz/½ fincan gül şarabı

Tereyağı veya margarini 600ml/1 adet/2½ fincanlık bir kaba koyun. 30-45 saniye buzunu çözerken üstü açık olarak eritin. Soğan ve hindiyi ekleyin. Streç filmle (plastik sargı) örtün ve buharın çıkması için iki kez kesin. 3 dakika boyunca Tam pişirin. Kalan kuru malzemeleri şarapla karıştırın, tadına bakın. Hindiyi açın ve şarap karışımını üzerine dökün. İyice karıştırın. Daha önce olduğu gibi örtün ve 3½ dakika Tam olarak pişirin. Yemekten önce 3 dakika bekletin.

Türk burgeri

125 gr/4 ons/1 su bardağı kıyılmış (kıyılmış) hindi

15 ml/1 yemek kaşığı sade (çok amaçlı) un

1,5 ml/¼ çay kaşığı tuz

15 ml/1 yemek kaşığı süt veya kaynatma

1 hamburger ekmeği, yeniden ısıtılmış ve servis için turşu

Tüm malzemeleri iyice birleştirin. Yuvarlak olarak 9 cm/3½ oluşturun. Bir tabağa koyun. 2½ dakika boyunca ağzı açık olarak Tam modda pişirin. 45 saniye bekletin. Hamburger topuzunu ikiye bölün ve burgeri içine koyun. Dilediğiniz turşu ile süsleyip afiyetle yiyin.

Köri: Pişirmeden önce hindi karışımına 2,5 ml/½ çay kaşığı köri ekleyin.

Cajun:pişirmeden önce 5 ml/1 çay kaşığı Worcestershire sosu, 5 ml/1 çay kaşığı biber sosu ve 1 diş ezilmiş sarımsak ekleyin.

Domates: Pişirmeden önce hindi karışımına 10 ml/2 çay kaşığı domates püresi (salça) ve bir tutam şeker ekleyin.

İtalyan: Pişirmeden önce hindi karışımına 10 ml/2 çay kaşığı domates püresi (salça) ve 5 ml/1 çay kaşığı pesto ekleyin.

Yulaf ezmesi:unu 30 ml/2 yemek kaşığı yulaf ezmesi ile değiştirin. Sütü veya suyu 30 ml/2 yemek kaşığına yükseltin.

Hızlı Sığır Eti ve Sebze Güveç

125 gr / 1 su bardağı kıyma (kıyma) dana eti
75 gr / 3 ons / ¾ fincan lahana salatası sebze karışımı paketi (sossuz)
Granül veya toz halinde 5 ml/1 çay kaşığı sos
150 ml/¼ puan/2/3 su bardağı sıcak su
Taze çekilmiş karabiber

Sığır eti 600 ml/1 adet/2½ fincanlık bir tabağa koyun. Lahana salatası ile iyice karıştırın. Streç filmle (plastik sargı) örtün ve buharın çıkması için iki kez kesin. 3 dakika boyunca Tam pişirin. Malzemelerin geri kalanını pürüzsüz bir şekilde birleştirin. Et ve sebzeleri açın ve et suyuyla karıştırın. Daha önce olduğu gibi örtün ve 3 dakika boyunca Tam olarak pişirin. Yemekten önce 2 dakika bekletin.

Karışık Sebzeli Dana Yahni

Hızlı Sığır Eti ve Sebze Yahnisi olarak hazırlayın, ancak lahana salatası yerine 15 ml/1 yemek kaşığı kuru mantar ve 15 ml/1 yemek kaşığı kuru soğan veya karışık biber koyun.

Körili Dana Yahni

Karışık sebzeli dana yahnisi gibi hazırlayın, ancak kurutulmuş sebzelerle birlikte 7,5-10 ml/1½-2 çay kaşığı orta boy köri tozu ekleyin.

Kısa bolonez sosu

125 gr / 1 su bardağı kıyma (kıyma) dana eti
15 ml/1 yemek kaşığı kuru soğan
15 ml/1 yemek kaşığı kurutulmuş karışık biber (dolmalık)
15 ml/1 yemek kaşığı dilimlenmiş kuru mantar
2,5 ml/½ çay kaşığı İtalyan baharatı veya kuru fesleğen

15 ml/1 yemek kaşığı domates püresi (salça)

1,5 ml/¼ çay kaşığı şeker

10 ml/2 çay kaşığı sade (çok amaçlı) un

Granül veya toz halinde 5 ml/1 çay kaşığı sos

45 ml/3 yemek kaşığı sıcak su

3 domates, beyazlatılmış, derili ve dilimlenmiş

Tuz ve taze çekilmiş karabiber

Servis için pişmiş makarna

Sığır eti, soğan, biber, mantar, İtalyan baharatı veya fesleğeni, domates püresi, şeker ve unu 600 ml/1 adet/2½ fincan kapta iyice karıştırın. 2 dakika boyunca ağzı açık olarak Tam modda pişirin. Eti çatalla ezin. Sos granüllerini veya bulyon tozunu suyla karıştırın ve sığır eti karışımıyla karıştırın. Domatesleri karıştırın. Daha önce olduğu gibi örtün ve 4½ dakika boyunca Tam olarak pişirin. 2 dakika kenara koyun. Ortaya çıkarın ve tatmak için baharatlayın. Makarna ile hemen yiyin.

Bolonez soslu şarap

Kısa kesilmiş Bolognese sosu gibi hazırlayın, ancak suyu kırmızı şarapla değiştirin.

Biber dolması

Doğu Avrupa, Balkanlar ve İsrail'den bir uzmanlık.

1 büyük kırmızı veya yeşil (dolmalık) biber

125 gr/1 su bardağı kıyılmış (kıyılmış) sığır, kuzu veya domuz eti

15 ml/1 yemek kaşığı pişirmesi kolay uzun taneli pirinç

1 küçük soğan, rendelenmiş

Granül veya toz halinde 5 ml/1 çay kaşığı sos

45 ml/3 yemek kaşığı sıcak su

1,5 ml/¼ çay kaşığı kurutulmuş bitki karışımları

45 ml/3 yemek kaşığı sıcak et suyu

Biberlerin üstünü kesin ve bir kenara koyun. İç lifleri ve tohumları çıkarın ve atın. Gerekirse biberlerin dik durabilmesi için tabandan ince bir dilim kesin. Et, pirinç, soğan, sos granülleri veya bulyon tozu, sıcak su ve otları birleştirin. Biberleri paketleyin ve ayrılmış "kapak" ile kapatın. 600 ml/1 adet/2½ fincan puding kasesine dökün. Et suyunu etrafına dökün. Streç filmle (plastik sargı) örtün ve buharın çıkması için iki kez kesin. Tam ayarda 7½ dakika pişirin. Yemekten önce 3 dakika bekletin.

Tavla Doldurulmuş Biber

Doldurulmuş Biber olarak hazırlayın, ancak sığır eti, kuzu eti veya domuz eti yerine kıyılmış jambon koyun.

Kıyılmış domuz güveç

175g/6oz/1½ fincan kıyılmış (kıyılmış) domuz veya sığır eti

30 ml/2 yemek kaşığı kuru soğan

30 ml/2 yemek kaşığı karışık kuru biber (çan)

10 ml/2 çay kaşığı sade (çok amaçlı) un

200 gr/1 küçük kutu doğranmış domates

2,5 ml/½ çay kaşığı kırmızı biber

Tuz ve taze çekilmiş karabiber

Eti 600 ml/1 adet/2½ fincanlık bir kaba koyun. Kurutulmuş sebzeler ve unla çalışın. Streç filmle (plastik sargı) örtün ve buharın çıkması için iki kez kesin. 3 dakika boyunca Tam pişirin. Ortaya çıkarın ve bir çatalla ezin. Domates ve biber ekleyin ve tatmak için baharatlayın. Daha önce olduğu gibi örtün ve 2½ dakika boyunca Tam olarak pişirin. Yemekten önce 2 dakika bekletin.

Macar Et Biberleri

Kıymalı domuz yahnisi gibi hazırlayın, ancak yemekten hemen önce 30-45 ml/2-3 yemek kaşığı ekşi krema veya taze krema ekleyin.

Sığır Burger

125 gr / 1 su bardağı yağsız kıyma (kıyma) dana eti

15 ml/1 yemek kaşığı sade (çok amaçlı) un

Tuz ve taze çekilmiş karabiber

15 ml/1 yemek kaşığı süt veya kaynatma

1 hamburger ekmeği veya patates kızartması (patates kızartması) ve servis için salata

Eti diğer malzemelerle iyice karıştırın. Yuvarlak olarak 9 cm/3½ oluşturun. Bir tabağa koyun. 2 dakika boyunca ağzı açık olarak Tam modda pişirin. Bölünmüş çörek veya cips ve salata ile yemeden önce 1 dakika bekletin.

Sığır burger çeşitleri

Tandır: Et karışımına 2,5 ml/½ çay kaşığı tandır baharat karışımı ekleyin.

Çince: Et karışımına 2,5 ml/½ çay kaşığı Çin Baharat Tozu ekleyin.

Hardal:et karışımına 4 ml/skanka ve 1 çay kaşığı İngiliz hardalı ekleyin.

Peynir:burgeri pişirip 1 dakika beklettikten sonra üzerine bir dilim eritilmiş peynir serpin. 30 saniye boyunca ağzı açık olarak Tam modda pişirin.

Burger kralı

Büyük iştahlar için. Marul ve dilimlenmiş domates, ceketli patates veya patates kızartması (patates kızartması) ile yiyin. Burger kendisi lezzetli bir sos hazırlayacak.

225 gr/8 ons/2 su bardağı iri kıyılmış (kıyılmış) biftek

Tuz

30 ml/2 yemek kaşığı çıtır beyaz galeta unu

15 ml/1 yemek kaşığı süt veya kaynatma

2,5 ml/½ çay kaşığı Bovril veya diğer et özü

Tüm malzemeleri iyice birleştirin. Yuvarlak olarak 12 cm/4½ oluşturun. Bir tabağa aktarın. 4 dakika boyunca ağzı açık olarak Tam modda pişirin. Yemekten önce bir buçuk dakika bekletin.

büyük çizburger

King Burger olarak hazırlayın ancak piştikten sonra burgerin üzerine 1-2 dilim eritilmiş peynir serpin. Eriyene kadar 45-60 saniye Tam olarak pişirin.

Salamura et kıyması

225g/8oz patates, soyulmuş ve doğranmış

40 ml/2½ yemek kaşığı sıcak su

1,5 ml/¼ çay kaşığı tuz

10 ml/2 çay kaşığı tereyağı veya margarin

125 gr konserve sığır eti, kabaca ezilmiş

15 ml/1 yemek kaşığı süt veya kaynatma

2,5 ml/½ çay kaşığı İngiliz hardalı

Patatesleri su ve tuzla birlikte geniş bir servis tabağına alın. Streç filmle (plastik sargı) örtün ve buharın çıkması için iki kez kesin. Yumuşayana kadar 6-7 dakika Tam olarak pişirin. Süzün ve yoğurun. Tereyağı veya margarini çırpın. Malzemelerin geri kalanını karıştırın. Kalıbın kenarlarını mutfak kağıdıyla temizleyin. Daha önce olduğu gibi örtün ve 2 dakika boyunca Tam olarak pişirin. Doğrudan tabaktan yemeden önce 1 dakika bekletin.

yumurta ile hash

Konserve dana eti gibi hazırlayın ama kızarmış (kızarmış) veya haşlanmış yumurta serpin.

Sahte Çin kaburga

4 domuz kaburga kemiği, toplam yaklaşık 225 gr

15 ml/1 yemek kaşığı portakal veya limon marmelatı

10 ml/2 çay kaşığı pirinç sirkesi

10 ml/2 çay kaşığı soya sosu

Tuz

Kaburgaları bir tekerleğin tekerlekleri gibi geniş bir plaka üzerine yerleştirin. Malzemelerin geri kalanını küçük bir kaseye koyun. 45-60 saniye buz çözme sırasında sıcak. Kaburgaların üzerine düzgünce yayın. Streç filmle (plastik sargı) örtün ve buharın çıkması için iki kez kesin. Tam ayarda 4½ dakika pişirin. Yemekten önce bir buçuk dakika bekletin.

Kırmızı kaburga

4 domuz kaburga kemiği, toplam yaklaşık 225 gr

15 ml/1 yemek kaşığı domates püresi (salça)

1,5 ml/¼ çay kaşığı kırmızı biber

5 ml/1 çay kaşığı yaban turpu sosu

2,5 ml/½ çay kaşığı kıta hardalı

Kaburgaları bir tekerleğin tekerlekleri gibi geniş bir plaka üzerine yerleştirin. Kalan malzemeleri küçük bir kapta karıştırın, ardından kaburgaların üzerine fırçayla sürün. Streç filmle (plastik sargı) örtün ve buharın çıkması için iki kez kesin. Tam ayarda 4½ dakika pişirin. Yemekten önce bir buçuk dakika bekletin.

meyveli tavla

1 yuvarlak kütük biftek, yaklaşık 225 gr

75 ml/5 yemek kaşığı soğuk su

30 ml/2 yemek kaşığı misket limonu tentürü

1 tatlı armut, soyulmuş, ikiye bölünmüş ve çekirdeği çıkarılmış

Pişirme sırasında kıvrılmasını önlemek için jambonun kenarlarını düzenli aralıklarla kesin. 600ml/1pc/2½ fincan yuvarlak bir tabağa koyun ve su ekleyin. Streç filmle (plastik sargı) örtün ve buharın çıkması için iki kez kesin. Tam ayarda 3½ dakika pişirin. Süzün ve bir yemek tabağına aktarın. Bir samimi ile kaplayın. Armut yarımlarını ince dilimleyin ve jambonun üzerine yerleştirin. Daha önce olduğu gibi örtün ve 1¼ dakika Tam olarak pişirin. Yemekten önce bir buçuk dakika bekletin.

Domuz kızartma

Mısır ve pilavın yanına çok yakışan enerji dolu bir yemek.

Köfteyi tabağa alın. Malzemelerin geri kalanını karıştırın ve pirzola üzerine yayın. Streç filmle (plastik sargı) örtün ve buharın çıkması için iki kez kesin. 4 dakika boyunca Tam olarak pişirin. Yemekten önce 1 dakika bekletin.

Spagetti Soslu Domuz Eti

200 gr domates soslu 1 küçük kutu spagetti

1 etli domuz pirzolası, yaklaşık 200g/7oz

1,5 ml/¼ çay kaşığı kurutulmuş bitki karışımları

1,5 ml/¼ çay kaşığı kırmızı biber

Tuz ve taze çekilmiş karabiber

Spagettiyi 600 ml/1 adet/2½ fincanlık bir kaba aktarın. Pirzola üstüne koyun. Tatmak için otlar, kırmızı biber ve karabiber serpin. Streç filmle (plastik sargı) örtün ve buharın çıkması için iki kez kesin. 7 dakika boyunca Tam olarak pişirin. 1½ dakika kenara koyun. Yemeden önce tadına bakmak için tuz serpin ve serpin.

Kuzu kebabı

175 gr kuzu bonfile, doğranmış

1 tahta şiş, yaklaşık 1 saat suda bekletilmiş

5 ml/1 çay kaşığı Worcestershire sosu

5 ml/1 çay kaşığı ketçap (catsup)

1 diş sarımsak, ezilmiş

Kuzu küplerini şişin üzerine koyun. Bir yemek tabağına koyun. Kalan malzemeleri birleştirin ve eti kaplayın. Sıçramasını önlemek için mutfak kağıdı ile gevşek bir şekilde örtün. Şişi ters çevirerek 3 dakika Tam olarak pişirin. Yemekten önce 1 dakika bekletin.

Sucuklu Kebap

Kuzu kebabı gibi hazırlayın, ancak kuzu yerine sığır eti veya domuz sosisi koyun. Her sosisi beş parçaya bölün.

Victoria Kuzu Pirzola

3 domuz boyunlu kuzu pirzola, toplamda yaklaşık 200 gr

15 ml/1 yemek kaşığı kahverengi sofra sosu

Pirzolaları tekerlek parmakları gibi bir tabağa etli uçlar kenarlara gelecek şekilde dizin. Sosu sürün. Sıçramasını önlemek için mutfak kağıdı ile gevşek bir şekilde örtün. Tam ayarda 3½ dakika pişirin. Yemekten önce 45 saniye bekletin.

Kısa Ciğer ve Soğan

45 ml/3 yemek kaşığı kuru doğranmış soğan
65ml/2½oz/4½ yemek kaşığı su
125 gr kuzu ciğeri, şeritler halinde kesilmiş
Granül veya kaynatma tozu şeklinde 10 ml/2 çay kaşığı sos
Tuz ve taze çekilmiş karabiber

Soğanları 600ml/4 yemek kaşığı su ile 600ml/1 adet/2½ fincan tabağa koyun. 1¾ dakika boyunca ağzı açık olarak Tam modda pişirin. Karaciğeri, sos granüllerini veya stok tozunu ve kalan suyu karıştırın, tadına göre biber ekleyin. Streç filmle (plastik sargı) örtün ve buharın çıkması için iki kez kesin. 3 dakika boyunca Tam pişirin. 1 dakika kenara koyun. Ortaya çıkarın ve tuz serpin.

Pastırma ve Bezelye ile Kızarmış Ciğer

125 gr kuzu veya domuz ciğeri, şeritler halinde kesilmiş
1 dilim (dilim) domuz pastırması, kaba kıyılmış
60 ml/4 yemek kaşığı konserve bezelye
Granül veya kaynatma tozu şeklinde 10 ml/2 çay kaşığı sos

Karaciğeri ve pastırmayı 600 ml/1 adet/2½ fincanlık bir tabağa koyun. Malzemelerin geri kalanını karıştırın. Streç filmle (plastik sargı) örtün ve buharın çıkması için iki kez kesin. 4 dakika boyunca Tam olarak pişirin. 1½ dakika kenara koyun. Keşfedin ve karıştırın. Hemen ye.

Kahrolası böbrekler

2 adet çok taze kuzu böbreği

karabiber taneleri

5 ml/1 çay kaşığı mısır unu

5 ml/1 çay kaşığı Worcestershire sosu

60 ml/4 yemek kaşığı soğuk su

1,5 ml/¼ çay kaşığı tuz

servis etmek için tost

Böbrekleri yıkayıp kurulayın ve küçük küpler halinde kesin. 600 ml/1 pt/2½ kap kaba aktarın. Bir karabiber tabakasına öğütün. Tuz hariç diğer malzemeleri karıştırın. Streç filmle (plastik sargı) örtün ve buharın çıkması için iki kez kesin. 3 dakika boyunca Tam pişirin. 1 dakika kenara koyun. Ortaya çıkarın, karıştırın ve tuz serpin. Tostu kaşıkla yiyin.

Elma böbrekleri

2 adet çok taze kuzu böbreği

Dar şeritler halinde kesilmiş 50g/2oz mantar

5 ml/1 çay kaşığı mısır unu (mısır unu)

1,5 ml/¼ çay kaşığı kurutulmuş bitki karışımları

1,5 ml/¼ çay kaşığı kırmızı biber

75 ml/5 yemek kaşığı elma suyu

Tuz

Böbrekleri yıkayıp kurulayın ve küçük küpler halinde kesin. Mantarları 600 ml/1 adet/2½ fincanlık bir kaba koyun. Mısır unu, otlar, kırmızı biber ve elma suyunu karıştırın. Streç filmle (plastik sargı) örtün ve buharın çıkması için iki kez kesin. Tam ayarda 3½ dakika pişirin. 1½ dakika kenara koyun. Ortaya çıkarın, karıştırın ve tadına bakmak için tuz serpin.

Peynir soslu gözleme üzerinde haşlanmış yumurta

1 haşlanmış yumurta

1 kızarmış çörek

Üniversal Peynir Sosu

Biber

Haşlanmış yumurtayı belirtildiği gibi kaynatın. Yassı ekmeklere aktarın ve peynir sosu üzerine dökün. Kırmızı biber serpin ve hemen yiyin.

Sade Omlet

5 ml/1 çay kaşığı tereyağı veya margarin

2 büyük yumurta

Tuz ve taze çekilmiş karabiber

10 ml/2 çay kaşığı su

Tereyağını veya margarini, 18cm/7cm'lik sığ bir seramik tabakta 30 saniye boyunca Tam olarak eritin. Malzemelerin geri kalanını hafif ve kabarık olana kadar çırpın. Çanak içine dökün. 1½ dakika boyunca ağzı açık olarak Tam modda pişirin. Bir çatalla karıştırın. Omlet tabağın üstüne çıkana kadar 30-45 saniye daha Tam olarak pişirin. 30 saniye bekletin, sonra kenara koyun ve hemen yiyin.

taze bitki:40 ml/2½ yemek kaşığı kıyılmış maydanozu yumurta ve su ile çırpın. Çatalla karıştırdıktan sonra 45-60 saniye pişirin.

Karışık Otlar:40 ml/2½ yemek kaşığı kıyılmış taze bitki karışımını yumurta ve su ile çırpın.

Peynir: Pişen omletin yarısını 30 ml/2 yemek kaşığı rendelenmiş peynirle kaplayın, katlayın ve bir tabağa alın.

Mantar:pişmiş omletin yarısını 45 ml/3 yemek kaşığı ince dilimlenmiş ve pişmiş mantarla kaplayın.

Amerikan:normal bir omlet gibi hazırlayın, ancak suyu sütle değiştirin.

Bir bardak çırpılmış yumurta

1 yumurta için:1 büyük yumurtayı 10 ml/2 çay kaşığı süt, tuz ve taze çekilmiş karabiberle iyice çırpın. Tereyağlı bir bardağa veya küçük bir kaseye, tercihen şeffaf bir bardağa dökün, böylece yumurtaların pişmesini izleyebilirsiniz. Tabağı örtün ve 30 saniye boyunca Tam pişirin. karıştır. Daha önce olduğu gibi örtün ve yumurta hafifçe sertleşene ve kabı doldurana kadar 15-18 saniye daha Tam olarak pişirin. Tekrar karıştırın ve hemen yiyin.

2 yumurta için:1 yumurta için, ancak 40 saniye pişirin, karıştırın, ardından 20-24 saniye daha veya yumurtalar hafifçe sertleşene kadar pişirin.

Patates "Pizza"

Patates bazlı bir şipşak pizza, ekmekten bir değişiklik.

250 gr patates, soyulmuş ve küçük parçalar halinde kesilmiş

30 ml/2 yemek kaşığı su

2,5 ml/½ çay kaşığı tuz

30 ml/2 yemek kaşığı süt

10 ml/2 çay kaşığı tereyağı veya margarin

75 ml/5 yemek kaşığı portakallı Cheddar peyniri

5 ml/1 çay kaşığı pesto

15 ml/1 yemek kaşığı domates ketçapı (catsup)

6 adet siyah zeytin (isteğe bağlı)

Patatesleri su ve tuzla birlikte 600 ml/1 adet/2½ fincanlık bir tabağa koyun. Streç filmle (plastik sargı) örtün ve buharın çıkması için iki kez kesin. 6 dakika boyunca Tam pişirin. Ortaya çıkarın ve kurutun. İnce bir şekilde ezin, ardından süt ve tereyağı veya margarin ile çırpın. Tepsinin üzerini düzleştirin ve kenarlarını mutfak kağıdıyla temizleyin. Cömertçe peynir serpin. Pestoyu ketçapla karıştırın ve peynirin üzerine dökün. 1-1¼ dakika boyunca ağzı açık olarak Tam modda pişirin. Kullanıyorsanız zeytinle süsleyin ve hemen yiyin.

Bitkisel Peynir Soslu Brokoli

175 gr / 6 ons brokoli çiçeği

45 ml/3 yemek kaşığı kaynar su

Tuz

Sarımsaklı ve otlar ile 50 gr krem peynir

10 ml/2 çay kaşığı mısır unu (mısır unu)

110 ml/3¾ ons/kaybolan ½ fincan tam yağlı süt

1 dilim taze pişmiş tost

15 ml/1 yemek kaşığı kavrulmuş (doğranmış) badem gevreği

Brokoliyi 600 ml/1 adet/2½ bardak suya koyun. Tuz serpin. Streç filmle (plastik sargı) örtün ve buharın çıkması için iki kez kesin. Brokoli yumuşayana ancak yine de ısırana kadar 2½ ila 3 dakika Tam olarak pişirin. Krem peyniri küçük bir kaseye koyun. Mısır unu ile sütü pürüzsüz olana kadar karıştırın ve yavaş yavaş peynire karıştırın. Brokoliyi açın ve süzün. Peynir karışımı ile sürün. Daha önce olduğu gibi örtün ve 2 dakika boyunca Tam olarak pişirin. Tost ekmeğinin üzerine gezdirin ve fındık serpin. Sıcak ye.

1 büyük kırmızı veya yeşil (dolmalık) biber

15 ml/1 yemek kaşığı pişirmesi kolay uzun taneli pirinç

90 ml/6 yemek kaşığı portakal çedar peyniri, rendelenmiş

45 ml/3 yemek kaşığı kıyılmış ceviz veya yer fıstığı

2,5 ml/½ çay kaşığı hardal

1,5 ml/¼ çay kaşığı kırmızı biber

45 ml/3 yemek kaşığı sıcak su

Tuz ve taze çekilmiş karabiber

60 ml/4 yemek kaşığı domates suyu

Biberlerin baş kısımlarını kesin ve kenara alın. İç lifleri ve tohumları atın. Biberleri küçük bir tabağa dik olarak yerleştirin, gerekirse alttan ince bir dilim kesin. Pirinç, peynir, fındık, hardal, kırmızı biber ve sıcak suyu karıştırın. Tuz ve karabiberle tatlandırın. Biberleri paketleyin ve bir "kapak" koyun. Domates suyunu biberlere dökün. Streç filmle (plastik sargı) örtün ve buharın çıkması için iki kez kesin. 6 dakika boyunca Tam pişirin. Yemekten önce 3 dakika bekletin.

1 büyük olgun avokado

5 ml/1 çay kaşığı Worcestershire sosu

75 ml/5 yemek kaşığı ekşi krema

Tuz ve taze çekilmiş karabiber

*30 ml/2 yemek kaşığı sarımsaklı kruton, küçük parçalar halinde
kesilmiş*

Avokadoyu armutu soyduğunuz gibi, sapın ucundan başlayarak soyun. Bölün ve taşı çıkarın (gamze). Eti paslanmaz çelik bir bıçakla küpler halinde kesin. Bir kaseye aktarın ve Worcestershire sosu ve krema ile karıştırın. Tuz ve karabiberle tatlandırın. 600 ml/1 adet/2½ fincanlık bir kaba dökün ve krutonların üzerine serpin. 2 dakika boyunca ağzı açık olarak Tam modda pişirin. Hemen ye.

Marine edilmiş karnabahar

Et, sosis ve kümes hayvanlarına heyecan verici bir katkı.

175g / 6oz karnabahar çiçeği

Tuz

30 ml/2 yemek kaşığı soğuk su

15 ml/1 yemek kaşığı zeytinyağı veya ayçiçek yağı

10 ml/2 çay kaşığı ahududu sirkesi

Şişede 1,5 ml/¼ çay kaşığı nane sosu

5 ml/1 çay kaşığı Worcestershire sosu

Tuz ve taze çekilmiş karabiber

Karnabaharı kırın, tuzlayın ve su ekleyin. Streç filmle (plastik sargı) örtün ve buharın çıkması için iki kez kesin. 3 dakika boyunca Tam pişirin. Malzemelerin geri kalanını iyice çırpın. Karnabaharı açın ve süzün. Marine ile fırçalayın ve soğumaya bırakın. Yemekten önce üzerini örtün ve gerçekten soğuyana kadar soğutun.

Maydanozlu Karnabahar Peyniri

200g / 7oz karnabahar çiçeği

Tuz

45 ml/3 yemek kaşığı soğuk su

50g/2oz/¼ fincan krem peynir

15 ml/1 yemek kaşığı süt

10 ml/2 çay kaşığı kıyılmış maydanoz

2,5 ml/½ çay kaşığı hardal

Biber

Karnabaharı servis tabağına alın. Tuz serpin ve su ekleyin. Streç filmle (plastik sargı) örtün ve buharın çıkması için iki kez kesin. 4 dakika boyunca Tam olarak pişirin. Biber hariç diğer tüm malzemeleri bir kaba koyun. Buz çözmede 1 dakika ısıtın. karıştır. Karnabaharı süzün ve sosu üzerine dökün. 1 dakika boyunca tamamen ısıtın. Yemeden önce kırmızı biber serpin.

Pastırma ve peynir ile haşlanmış kereviz

200 gr taze kereviz, ince dilimlenmiş

Tuz

45 ml/3 yemek kaşığı kaynar su

50 gr / 2 ons / ½ fincan jambon, doğranmış

30 ml/2 yemek kaşığı rendelenmiş Cheddar peyniri

15 ml/1 yemek kaşığı kıyılmış tuzlu fındık

Kerevizi 600 ml/1 adet/2½ fincanlık bir kaba koyun. Tuz serpin ve su ekleyin. Streç filmle (plastik sargı) örtün ve buharın çıkması için iki kez kesin. 7 dakika boyunca Tam olarak pişirin. 1 dakika kenara koyun. çıkış. Jambon ve peynir ekleyin. Yemeğin kenarlarını mutfak kağıdıyla silin. Fındık serpin. Daha önce olduğu gibi örtün ve 1 dakika boyunca Tam olarak pişirin. Yemekten önce 30 saniye bekletin.

Parma Jambonu ve Parmesan peyniri ile Haşlanmış Soğan

2 soğan, dilimler halinde kesilmiş

Tuz

45 ml/3 yemek kaşığı kaynar su

50 gr/2 ons/½ fincan Parma jambonu, doğranmış

15 ml/1 yemek kaşığı rendelenmiş parmesan
15 ml/1 yemek kaşığı kıyılmış tuzlu fındık

Soğanı 600 ml/1 adet/2½ fincanlık bir kaba koyun. Tuz serpin ve su ekleyin. Streç filmle (plastik sargı) örtün ve buharın çıkması için iki kez kesin. 7 dakika boyunca Tam olarak pişirin. 1 dakika kenara koyun. çıkış. Jambon ve peynir ekleyin. Yemeğin kenarlarını mutfak kağıdıyla silin. Fındık serpin. Daha önce olduğu gibi örtün ve 1 dakika boyunca Tam olarak pişirin. Yemekten önce 30 saniye bekletin.

Yumurta ve çam fıstığı ile doldurulmuş patlıcan

1 patlıcan (patlıcan), yaklaşık 250g

Tuz

15 ml/1 yemek kaşığı limon suyu

10 ml/2 çay kaşığı zeytinyağı

1 haşlanmış yumurta, soyulmuş ve doğranmış

30 ml/2 yemek kaşığı çam fıstığı

Süslemek için kıyılmış maydanoz

Servis için susamlı ekmek

Patlıcanın kabuğunu çatalla delin. Mutfak kağıdına gevşek bir şekilde sarın ve bir tabağa koyun. 5 dakika boyunca Tam pişirin. 3 dakika bekletin. Panoya git. Üstteki yeşil sapı kesin ve atın. Patlıcanı uzunlamasına ortadan ikiye kesin. Eti kabuklarını koruyarak bir doğrama tahtası üzerine alın ve iri iri doğrayın. Bir kaseye aktarın ve tadına bakmak için tuz ekleyin. Limon suyu, sıvı yağ, yumurta ve çam fıstığını ekleyip iyice karıştırın. Baharatları ayarlayın. Patlıcan kabuklarını bir tabağa koyun ve yumurtalı karışımla doldurun. Bolca maydanoz serpin ve oda sıcaklığında susamlı ekmekle birlikte yiyin.

Baharatlı fasulye filizi

Balık ve kümes hayvanları için macera arkadaşı.

125 gr taze fasulye filizi

45 ml/3 yemek kaşığı domates rendesi veya kahverengi turşusu

2,5 ml/½ çay kaşığı Worcestershire sosu

2,5 ml/½ çay kaşığı tuz

Tüm malzemeleri 600 ml/1 adet/2½ fincanlık bir kapta karıştırın. Streç filmle (plastik sargı) örtün ve buharın çıkması için iki kez kesin. 3 dakika boyunca Tam pişirin. 1 dakika bekletin, sonra karıştırın ve yiyin.

tereyağlı kabak

Bu mikrodalgada pişirilebilir balkabağı yemeği, tatlı veya tuzlu olarak yenebilir.

450 g/1 pound ciltte kabak kama
Tereyağı veya margarin
Demerara şekeri veya altın şurubu (hafif mısır) veya tuz ve taze çekilmiş karabiber

Balkabağından telleri ve tohumları çıkarın. Bir tabağa yan yatırın. Streç filmle (plastik sargı) örtün ve buharın çıkması için iki kez kesin. 7 dakika boyunca Tam olarak pişirin. 2 dakika kenara koyun. Derili tarafı aşağı ve etli kısmı yukarıya gelecek şekilde bir tabağa yerleştirin. Tereyağı veya margarin serpin, ardından tatlı bir balkabağı için şeker veya şurup veya lezzetli bir balkabağı için tuz ve karabiber sürün.

Sıcak Avokado Salatası

75 ml/5 yemek kaşığı yemeye hazır marul yaprağı
½ olgun avokado
8 tortilla cipsi, kabaca ezilmiş
Herhangi bir aromadan satın alınan 30 ml/2 yemek kaşığı salata sosu

Marul yapraklarını tabağın altına dizin. Üzerine avokado posasını koyun. Tortilla cipsi serpin ve sosla kaplayın. Sıcak, üstü açık, buz çözmede 45 saniye. Sıcak ye.

Rokfor ve Sarımsaklı Kremalı Mantar

125g / 4oz mantar

1 diş sarımsak, ezilmiş

50 gr Rokfor peyniri, ufalanmış

45 ml/3 yemek kaşığı krem şanti

2,5 ml/½ çay kaşığı kırmızı biber

Hizmet etmek için haşlanmış yeni patates veya Fransız ekmeği

Mantarları silin ve 600 ml/1 adet/2½ fincanlık bir kaba koyun. Malzemelerin geri kalanını karıştırın. Streç filmle (plastik sargı) örtün ve buharın çıkması için iki kez kesin. 2½ dakika Tam olarak pişirin. 30 saniye kenara koyun. Karıştırın ve sıcak yeni patates veya kıtır kıtır Fransız ekmeği dilimleri ile yiyin.

Baharatlı Pirinç Salatası

75g/3oz/küçük ½ fincan yapımı kolay uzun taneli pirinç

Tuz ve taze çekilmiş karabiber

300 ml/½ puan/1¼ bardak kaynar su

100g/3½oz/½ fincan süzme peynir

30 ml/2 yemek kaşığı kavrulmuş ayçekirdeği

5 cm/2 adet salatalık, soyulmuş ve dilimlenmiş

1 domates, doğranmış

Pirinci, 1,5 ml/¼ çay kaşığı tuzu ve kaynar suyu 600 ml/1 porsiyon/2½ fincan kasede karıştırın. Streç filmle (plastik sargı) örtün ve buharın çıkması için iki kez kesin. Taşabilecek suyu toplamak için tabağı bir tabağa koyun. 10 dakika boyunca tam olarak pişirin. 3 dakika bekletin. Bir çatal üzerine peynir, ayçekirdeği, salatalık ve domates ekleyin. Tatmak için mevsim. Daha önce olduğu gibi örtün ve yaklaşık 2½ dakika Tam olarak pişirin.

2. Dünya Savaşı öncesine ait bir favori, burada eskisinden çok daha hızlı üretildi.

75g/3oz/küçük ½ fincan yapımı kolay uzun taneli pirinç

1,5 ml/¼ çay kaşığı tuz

300 ml/½ puan/1¼ bardak kaynar su

50 gr/2 ons/½ fincan kırmızı Leicester peyniri, rendelenmiş

30 ml/2 yemek kaşığı süt veya tek (light) krema

2,5–5 ml/½–1 çay kaşığı hafif hardal

1-2 damla Tabasco veya diğer acı biber sosu

15 ml/1 yemek kaşığı kızarmış kahverengi galeta unu

Biber

600ml/1pt/2½ fincanda pirinç, tuz ve suyu karıştırın. Streç filmle (plastik sargı) örtün ve buharın çıkması için iki kez kesin. Taşabilecek suyu toplamak için tabağı bir tabağa koyun. 10 dakika boyunca tam olarak pişirin. 3 dakika bekletin. Tatmak için peynir, süt veya krema, hardal ve acı biber sosu ekleyin. Ekmek kırıntıları serpin, ardından kırmızı biber serpin. 1 dakika boyunca tamamen ısıtın. Yemekten önce 30 saniye bekletin.

Elma kompostosu

2 orta veya 1 büyük pişmiş (turta) elma, soyulmuş, özlü ve dilimlenmiş

40 ml/2½ yemek kaşığı pudra şekeri

25 ml/1½ yemek kaşığı soğuk su

1 veya 2 bütün karanfil

Servis için ekşi krema veya puding (isteğe bağlı)

Elma dilimlerini şeker, su ve karanfille bir kaseye koyun. Streç filmle (plastik sargı) örtün ve buharın çıkması için iki kez kesin. Yumuşayana kadar 4½-5 dakika buz çözme modunda pişirin. 1 dakika kenara koyun. Ilık, ılık veya soğuk, sade veya ekşi krema veya muhallebi ile yiyin.

Kayısı Haşlaması

6 adet taze kayısı, ikiye bölünmüş ve çekirdeği çıkarılmış (çekirdeksiz)

30 ml/2 yemek kaşığı pudra şekeri

30 ml/2 yemek kaşığı soğuk su

Servis için ekşi krema veya puding (isteğe bağlı)

Kayısı yarımlarını şeker ve su ile bir kaseye koyun. Streç filmle (plastik sargı) örtün ve buharın çıkması için iki kez kesin. Yumuşayana kadar 4½-5 dakika buz çözme modunda pişirin. 1 dakika kenara koyun. Ilık, ılık veya soğuk, sade veya ekşi krema veya muhallebi ile yiyin.

225g / 4oz konserve meyve püresi (konserve bebek maması idealdir)

1 büyük yumurta, ayrılmış

Bir tutam tuz

Servis için çıtır bisküviler (kurabiyeler)

Püreyi bir kaseye dökün. Yavaşça yumurta sarısını çırpın. Yumurta beyazını tuzla sertleşene kadar çırpın. Büyük bir metal kaşık kullanarak meyve karışımına ekleyin. 600 ml/1 adet/2½ fincan hafif tereyağlı bir kaseye aktarın. Puding neredeyse kasenin üstüne çıkana kadar 1½ dakika boyunca ağzı açık olarak Tam olarak pişirin. Bisküvi ile hemen yiyin.

Haşlanmış Ravent

125 gr ravent, doğranmış

45 ml/3 yemek kaşığı pudra şekeri

25 ml/1½ yemek kaşığı soğuk su

1,5 ml/¼ çay kaşığı öğütülmüş zencefil

Servis için ekşi krema veya puding (isteğe bağlı)

Raventi şeker, su ve zencefil ile bir kaseye koyun. Streç filmle (plastik sargı) örtün ve buharın çıkması için iki kez kesin. Yumuşayana kadar 4½-5 dakika buz çözme modunda pişirin. 1 dakika kenara koyun. Ilık, ılık veya soğuk, sade veya ekşi krema veya muhallebi ile yiyin.

Fırında Limonlu Lor Dolgulu Elma

1 büyük haşlanmış (rendelenmiş) elma

30 ml/2 yemek kaşığı limonlu lor

9 damla çikolata (cips)

45 ml/3 yemek kaşığı elma veya üzüm suyu

Keskin bir bıçakla elmanın etrafına üstten yaklaşık üçte bir oranında bir çizgi çizin. Elmanın tabanını kesmemeye dikkat ederek, çekirdeği bir patates soyacağı veya elma soyacağı ile çıkarın. Limonlu lor ile paketleyin ve çikolata noktalarıyla kaplayın. Elmayı rahatça tutacak kadar büyük ve derin bir kaseye aktarın. Elma suyunu dökün. Streç filmle (plastik sargı) örtün ve buharın çıkması için iki kez kesin. Elma sufle gibi kabarana kadar, kabı iki kez çevirerek buz çözme modunda 10 dakika pişirin. Yemekten önce 2 dakika bekletin.

biberli çilek

Modern mutfak trendlerine uygun, şaşırtıcı bir kombinasyon.

10 ml/2 çay kaşığı tuzsuz (tatlı) tereyağı
125 gr uzunlamasına ikiye bölünmüş çilek
karabiber taneleri
Vanilyalı dondurma

Servis tabağına tereyağı koyun. Buz çözmede 1 dakika boyunca açıkta eritin. Çilekleri tereyağına ekleyin ve üzerine bir tutam biber serpin. Bir tabak veya tabakla örtün ve buz çözme modunda 1 dakika pişirin. Dondurma serpin ve hemen yiyin.

Öğütülmüş pirinç sütü pudingi

Yapışkan tava yok, kavurma yok ve topaklanma yok!

15 ml/1 yemek kaşığı öğütülmüş pirinç
10 ml/2 çay kaşığı ince şeker
150 ml/¼ puan/2/3 su bardağı süt
Öğütülmüş tarçın veya karışık baharat (elmalı turta)

Öğütülmüş pirinci ve şekeri 1,5L/2½pt/6cup bir kaseye koyun (pişirirken yükselecektir). Sütü plastik bir kaşık veya spatula ile eşit şekilde yayın. Açıkta ve spatula hala kasedeyken, üç veya dört kez karıştırarak 1½ dakika boyunca Tam olarak pişirin. 1 dakika kenara koyun. Yemeden önce üzerine tarçın veya baharat karışımı serpin.

Yumurta kremasında çay rulo puding

150 ml/¼ puan/2/3 su bardağı süt

15 ml/1 yemek kaşığı tereyağı veya margarin

Pişirme sıcaklığında 1 büyük yumurta

2 adet meyveli çörek, çay, yarım

30 ml/2 yemek kaşığı demerara şekeri

Sütü bir cam ölçü kabına veya kaseye dökün. Tereyağı veya margarin ekleyin. Tereyağı eriyene ve süt ılık olana kadar 1¼ dakika birlikte Tam olarak ısıtın. Yumurta kırmak. Çörekleri sığ bir tabağa koyun, yanları yukarı gelecek şekilde tek kat halinde kesin. Süt karışımını üzerine dökün ve şeker serpin. 3½-4 dakika boyunca ağzı açık olarak Tam modda pişirin. Yemekten önce 2 dakika bekletin.

4-6 servis

450 gr / 1 pound brokoli

60 ml/4 yemek kaşığı su

5 ml/1 çay kaşığı tuz

150 ml/¼ puan/2/3 su bardağı ekşi (süt) krema

125 gr/1 su bardağı rendelenmiş Cheddar veya Jarlsberg peyniri

1 yumurta

5 ml/1 çay kaşığı hafif hardal

2,5 ml/½ çay kaşığı kırmızı biber

1,5 ml/¼ çay kaşığı rendelenmiş hindistan cevizi

Brokoliyi yıkayın, küçük çiçekler halinde kesin ve su ve tuzla 20 cm/8 çapında derin bir tabağa koyun. Streç filmle (plastik sargı) örtün ve buharın çıkması için iki kez kesin. 12 dakika boyunca Tam pişirin. İyice süzün. Kalan malzemeleri karıştırıp brokolilerin üzerine kaşıkla yayın. Bir tabakla örtün ve 3 dakika Dolu pişirin. 2 dakika kenara koyun.

Güveç

6-8 kişilik

Canlı renkli ve lezzet dolu Bulgar ratatouille ilişkisi. Pirinç, makarna veya polenta ile tek başına veya yumurta, et ve kümes hayvanı yemeklerine ek olarak servis yapın.

450 g / 1 pound Fransız veya Kenya fasulyesi (yeşil) üst ve kuyruk

4 soğan, çok ince dilimlenmiş

3 diş sarımsak, ezilmiş

60 ml/4 yemek kaşığı zeytinyağı

6 farklı renkte biber (dolmalık), doğranmış ve şeritler halinde kesilmiş

6 domates, beyazlatılmış, derili ve dilimlenmiş

1 yeşil biber, doğranmış ve ince kıyılmış (isteğe bağlı)

10-15 ml/2-3 çay kaşığı tuz

15 ml/1 yemek kaşığı ince (çok ince) şeker

Her fasulyeyi üç parçaya bölün. Soğan ve sarımsağı zeytinyağı ile 2,5L/4½ pt/11cup bir tabağa koyun. Karıştırmak için iyice karıştırın. 4 dakika boyunca ağzı açık olarak Tam modda pişirin. Fasulye dahil diğer tüm malzemeleri iyice karıştırın. Bir tabakla örtün ve üç kez karıştırarak 20 dakika Dolu pişirin. Kapağı açın ve sıvının çoğu buharlaşana kadar dört kez karıştırarak 8-10 dakika daha Tam olarak pişirin. Hemen servis yapın veya daha sonra yenirse soğutun, örtün ve soğutun.

pastırma ile kereviz peyniri

4 kişilik

6 dilim (dilim) yağsız domuz pastırması

350g kereviz, doğranmış

30 ml/2 yemek kaşığı kaynar su

30 ml/2 yemek kaşığı tereyağı veya margarin

30 ml/2 yemek kaşığı sade (çok amaçlı) un

300 ml/½ pt/1¼ fincan ılık tam yağlı süt

5 ml/1 çay kaşığı İngiliz hardalı

225 gr/2 su bardağı rendelenmiş çedar peyniri

Tuz ve taze çekilmiş karabiber

Biber

Servis için kızartılmış (kızartılmış) ekmek

Pastırmayı bir tabağa koyun ve mutfak kağıdıyla örtün. Plakayı bir kez çevirerek Tam ayarında 4-4½ dakika pişirin. Yağı boşaltın, ardından pastırmayı kabaca doğrayın. Kerevizi ayrı bir tencereye kaynar su koyun. Bir tabakla örtün ve tabağı iki kez çevirerek Tam olarak 10 dakika pişirin. Sıvıyı süzün ve saklayın. Tereyağını 1,5L/2½pt/6cup bir tabağa koyun. Buz çözmede 1-1½ dakika boyunca açıkta eritin. Unu ekleyin ve 1 dakika Dolu pişirin. Yavaş yavaş sütle karıştırın. Pürüzsüz olana kadar 4-5 dakika boyunca, her dakika atarak, kapaksız olarak Tam modda pişirin. Kereviz suyunu, kerevizi, pastırmayı, hardalı ve peynirin 2/3'ünü ilave edin. Tatmak için mevsim. Karışımı temiz bir tabağa aktarın. Kalan peyniri üstüne serpin ve kırmızı biber serpin. 2 dakika boyunca tamamen ısıtın. Kızarmış ekmek ile servis yapın.

Pastırmalı Enginar Peyniri

4 kişilik

Pastırmalı Kereviz Peyniri gibi hazırlayın, ancak kerevizi atlayın. 350 gr yer elmasını 15 ml/1 yk limon suyu ve 90 ml/6 yk kaynar su ile bir kaba koyun. Streç filmle (plastik sargı) örtün ve buharın çıkması için iki kez kesin. Yumuşayana kadar 12-14 dakika Tam olarak pişirin. 45 ml/3 yemek kaşığı su ayırarak süzün. Hardal, pastırma ve peynirli sosa enginar ve su ekleyin.

Karelya Patatesleri

4 kişilik

Bahar patatesleri için doğu Finlandiya'dan bir tarif.

450 gr yeni patates, yıkanmış fakat soyulmamış
30 ml/2 yemek kaşığı kaynar su
125g/4oz/½ fincan tereyağı, oda sıcaklığında
2 haşlanmış yumurta, doğranmış

Patatesleri 900 ml/1½ pt/3¾ fincan kaynar suya koyun. Bir tabakla örtün ve iki kez karıştırarak 11 dakika Dolu pişirin. Bu sırada tereyağını pürüzsüz bir krema olana kadar çırpın ve yumurtaları ekleyin. Patatesleri boşaltın ve patatesler hala çok sıcakken yumurta karışımını ekleyin. Hemen servis yapın.

Hollandalı Patates-Gouda Domatesli Güveç

4 kişilik

Haşlanmış yeşil sebzeler veya çıtır çıtır bir salata ile servis edilebilecek doyurucu ve sıcak bir vejetaryen güveç.

750 gr haşlanmış patates, kalın dilimler halinde kesilmiş
3 büyük domates, beyazlatılmış, derili ve ince dilimlenmiş
1 büyük kırmızı soğan, iri rendelenmiş
30 ml/2 yemek kaşığı ince kıyılmış maydanoz
175 gr/1½ fincan Gouda peyniri, rendelenmiş
Tuz ve taze çekilmiş karabiber
30 ml/2 yemek kaşığı mısır unu (mısır unu)
30 ml/2 yemek kaşığı soğuk süt
150 ml/¼ puan/2/3 su bardağı sıcak su veya sebze suyu
Biber

Tereyağlı 1,5L/2½/6cup bir tabağı dönüşümlü olarak patates, domates, soğan, maydanoz ve peynirin 2/3'ü ile doldurun, katmanların arasına tuz ve karabiber serpin. Mısır ununu soğuk sütle pürüzsüz olana kadar karıştırın, ardından yavaş yavaş sıcak su veya et suyunu ilave ederek çırpın. Yemeğin kenarını dökün. Kalan peyniri üstüne serpin ve kırmızı biber serpin. Mutfak kağıdı ile örtün ve 12-15 dakika boyunca Tam olarak ısıtın. Servis yapmadan önce 5 dakika bekletin.

Kremalı Tereyağlı Kabarık Tatlı Patates

4 kişilik

450 gr pembe tenli, sarı etli tatlı patates (yer elması değil), soyulmuş ve doğranmış

60 ml/4 yemek kaşığı kaynar su

45 ml/3 yemek kaşığı tereyağı veya margarin

60 ml/4 yemek kaşığı çırpılmış krema, ısıtılmış

Tuz ve taze çekilmiş karabiber

Patatesleri 1,25 litre/2¼ pt/5½ fincan kaba koyun. Su ekle. Streç filmle (plastik sargı) örtün ve buharın çıkması için iki kez kesin. Tencereyi üç kez çevirerek 10 dakika Tam olarak pişirin. 3 dakika bekletin. Süzün ve iyice ezin. Tereyağı ve kremayı iyice çırpın. Tatmak için iyi baharatlayın. Servis tabağına aktarın, üzerini bir tabakla örtün ve 1½ - 2 dakika Tam ateşte ısıtın.

Maitre d'Hôtel Tatlı Patates

4 kişilik

450 gr pembe tenli, sarı etli tatlı patates (yer elması değil), soyulmuş

ve doğranmış

60 ml/4 yemek kaşığı kaynar su

45 ml/3 yemek kaşığı tereyağı veya margarin

45 ml/3 yemek kaşığı kıyılmış maydanoz

Patatesleri 1,25 litre/2¼ pt/5½ fincan kaba koyun. Su ekle. Streç filmle (plastik sargı) örtün ve buharın çıkması için iki kez kesin. Tencereyi üç kez çevirerek 10 dakika Tam olarak pişirin. 3 dakika bekletin, süzün. Patatesleri kaplamak için tereyağı ve kaplayın, ardından maydanoz serpin.

kremalı patates

4-6 servis

Mikrodalgada pişirilen patatesler lezzetini ve rengini korur ve harika bir dokuya sahiptir. Yemek pişirmek için kullanılan su miktarı minimum olduğu için besinleri korunur. Yakıttan tasarruf edilir ve temizlenecek tava yoktur - kendi servis tabağınızda patates bile pişirebilirsiniz. Vitaminleri korumak için patatesleri mümkün olduğunca ince soyun.

900 gr soyulmuş patates, parçalar halinde kesilmiş

90 ml/6 yemek kaşığı kaynar su

30–60 ml/2–4 yemek kaşığı tereyağı veya margarin

90 ml/6 yemek kaşığı ılık süt

Tuz ve taze çekilmiş karabiber

Patates parçalarını 1,75L/3pt/7½ bardak suya koyun. Streç filmle (plastik sargı) örtün ve buharın çıkması için iki kez kesin. Tencereyi yumuşayana kadar dört kez çevirerek 15-16 dakika Tam olarak pişirin.

122

Gerekirse süzün, ardından sırayla tereyağı veya margarin ve sütü çırparak iyice yoğurun. Mevsim. Hafif ve kabarık olduğunda, bir çatalla pürüzlendirin ve 2-2½ dakika boyunca Tam olarak tekrar ısıtın.

Maydanozlu Kremalı Patates

4-6 servis

Muhallebi patates gibi hazırlayın, ancak 45-60 ml/3-4 yemek kaşığı kıyılmış maydanozu baharatlarla karıştırın. 30 saniye daha ısıtın.

Peynirli Kremalı Patates

4-6 servis

Kremalı patates gibi hazırlayın, ancak 125 gr/1 su bardağı rendelenmiş sert peyniri baharatlarla birlikte ekleyin. 1½ dakika daha ısıtın.

Biberli Macar Patatesi

4 kişilik

50g/2oz/¼ fincan margarin veya domuz yağı
1 büyük soğan, ince kıyılmış
750 gr küçük parçalar halinde doğranmış patates

45 ml/3 yemek kaşığı kuru pul biber

10 ml/2 çay kaşığı kırmızı biber

5 ml/1 çay kaşığı tuz

300 ml/½ puan/1¼ bardak kaynar su

60 ml/4 yemek kaşığı ekşi krema

Margarini veya domuz yağı 1,75L/3pt/7½ fincanlık bir kaba koyun. Cızırdayana kadar 2 dakika boyunca ağzı açık olarak Tam ayarda pişirin. Soğanı ekleyin. 2 dakika boyunca ağzı açık olarak Tam modda pişirin. Patates, pul biber, kırmızı biber, tuz ve kaynar suyu ekleyin. Streç filmle (plastik sargı) örtün ve buharın çıkması için iki kez kesin. Tencereyi dört kez çevirerek 20 dakika Tam olarak pişirin. 5 dakika kenara koyun. Isıtılmış tabaklara kaşıklayın ve her birinin üzerine 15 ml/1 yemek kaşığı ekşi krema serpin.

dauphine patates

Servis 6

Gratin dauphinoise - en iyi Fransız yemeklerinden biri ve tadına varılması gereken bir deneyim. Yapraklı bir salata veya közlenmiş domates ile veya et, kümes hayvanları, balık ve yumurta eşliğinde servis yapın.

900 gr mumlu patates, çok ince dilimlenmiş
1-2 diş sarımsak, ezilmiş
75 ml/5 yemek kaşığı eritilmiş tereyağı veya margarin
175 gr/6 ons/1½ fincan Emmental veya Gruyère (İsviçre) peyniri
Tuz ve taze çekilmiş karabiber
300 ml/½ puan/1¼ bardak tam yağlı süt
Biber

Patatesleri yumuşatmak için geniş bir kaba alıp üzerine kaynar su dökün. 10 dakika bekletin, sonra süzün. Sarımsağı tereyağı veya margarinle karıştırın. 25 cm/10 çapında derin bir kabı yağlayın. Patateslerden başlayarak ve bitirerek, tabağı dönüşümlü olarak patates dilimleri, peynirin 2/3'ü ve 2/3'ü tereyağı karışımı ile doldurun, katmanların arasına tuz ve karabiber serpin. Sütü dikkatlice tabağın kenarlarına dökün, ardından kalan peynir ve sarımsaklı tereyağını serpin. Kırmızı biber serpin. Streç filmle (plastik sargı) örtün ve buharın çıkması için iki kez kesin. Tencereyi dört kez çevirerek 20 dakika Tam olarak pişirin. Patatesler, makarna gibi biraz al dente olmalıdır, ancak daha yumuşak olmasını tercih ederseniz, 3-5 dakika daha Tam olarak pişirin. 5 dakika bekletin, sonra üzerini açın ve servis yapın.

kıvırcık patates

Servis 6

Dauphine Patatesleri gibi hazırlayın, ancak sütü et suyu veya yarısını beyaz şarap ve yarısını et suyuyla değiştirin.

Kale Patatesleri

Servis 6

Dauphine Patatesleri gibi hazırlayın, ancak sütü orta boy elma şarabı ile değiştirin.

Badem Ezmesi Soslu Patates

4-5 servis

450 gr yeni patates, soyulmamış ve temizlenmiş

30 ml/2 yemek kaşığı su

75g/3oz/1/3 fincan tuzsuz (tatlı) tereyağı

75 gr / 3 ons / ¾ fincan kuşbaşı (dilimlenmiş) badem, kızartılmış ve

ezilmiş

15 ml/1 yemek kaşığı taze limon suyu

Patatesleri 1,5L/2½ pt/6cup su dolu tencereye koyun. Streç filmle (plastik sargı) örtün ve buharın çıkması için iki kez kesin. Yumuşayana kadar 11-12 dakika Tam olarak pişirin. Sosu hazırlamak için kenara alın. Tereyağını ölçüm kabına koyun ve buz çözme üzerinde 2-2½ dakika açıkta eritin. Malzemelerin geri kalanını ekleyin. Süzülmüş patatesleri katıp servis yapın.

Hardallı ve misket limonlu domates

4 kişilik

Taze müstehcenlik, domatesleri kuzu ve kümes hayvanlarının yanı sıra somon ve uskumru eşliğinde çekici hale getirir.

4 büyük domates, yatay olarak ikiye bölünmüş
Tuz ve taze çekilmiş karabiber
5 ml/1 çay kaşığı ince rendelenmiş limon kabuğu rendesi
30 ml/2 yemek kaşığı tam tahıllı hardal
1 misket limonunun suyu

Domatesleri bir daire şeklinde düzenleyin, yanları yukarı gelecek şekilde kesin ve geniş bir tabağın kenarlarını yuvarlayın. Tuz ve karabiber serpin. Kalan malzemeleri iyice karıştırın ve domateslerin üzerine yayın. Plakayı üç kez çevirerek 6 dakika boyunca Kapaksız olarak Tam olarak pişirin. 1 dakika kenara koyun.

Haşlanmış Salatalık

4 kişilik

1 salatalık, soyulmuş

30 ml/2 yemek kaşığı tereyağı veya margarin, pişirme sıcaklığında

2,5–5 ml/½–1 çay kaşığı tuz

30 ml/2 yemek kaşığı ince kıyılmış maydanoz veya kişniş (kişniş)

Salatalığı çok ince dilimleyin, 30 dakika bekletin, ardından temiz bir mutfak havlusu (bulaşık bezi) ile kurulayın. Tereyağı veya margarini 1,25 L/2¼pt/5½ fincanlık bir kaba koyun ve üstü açık olarak 1-1½ dakika defrost üzerinde eritin. Salatalık ve tuzu iyice tereyağı ile kaplanana kadar hafifçe savurarak karıştırın. Bir tabakla örtün ve iki kez karıştırarak 6 dakika Dolu pişirin. Ortaya çıkarın ve maydanoz veya kişniş ile karıştırın.

Pernod'dan Haşlanmış Salatalık

4 kişilik

Haşlanmış salatalık gibi hazırlayın ama 15 ml/1 yemek kaşığı salatalık pernodu ekleyin.

İspanyol iliği

4 kişilik

15 ml/1 yemek kaşığı zeytinyağı

1 büyük soğan, soyulmuş ve doğranmış

3 büyük domates, beyazlatılmış, derili ve dilimlenmiş

450 g/lb kemik iliği (kabak), soyulmuş ve doğranmış

15 ml/1 yemek kaşığı kıyılmış mercanköşk veya kekik

5 ml/1 çay kaşığı tuz

Taze çekilmiş karabiber

Yağı 1,75L/3pt/7½ fincan tencerede, üstü açık olarak 1 dakika boyunca Tam modda ısıtın. Soğan ve domates ekleyin. Bir tabakla örtün ve 3 dakika Dolu pişirin. Diğer tüm malzemeleri karıştırın, tadına biber ekleyin. Bir tabakla örtün ve ilikler yumuşayana kadar 8-9 dakika Tam olarak pişirin. 3 dakika bekletin.

kabak ve domates ile güveç

4 kişilik

3 domates, beyazlatılmış, kabuklu ve iri doğranmış

4 kabak (kabak), üstte kesilmiş, kuyruklu ve ince dilimler halinde

kesilmiş

1 soğan, doğranmış

15 ml/1 yemek kaşığı malt veya pirinç sirkesi

30 ml/2 yemek kaşığı kıyılmış maydanoz

1 diş sarımsak, ezilmiş

Tuz ve taze çekilmiş karabiber

75 ml/5 yemek kaşığı Cheddar veya Emmental peyniri, rendelenmiş

Domates, kabak, soğan, sirke, maydanoz ve sarımsağı 20 cm/8 cm derinliğinde bir kaba koyun. Tatmak için baharatlayın ve iyice karıştırın. Streç filmle (plastik sargı) örtün ve buharın çıkması için iki kez kesin. Tencereyi üç kez çevirerek 15 dakika Tam olarak pişirin. Ortaya çıkarın ve peynir serpin. Ya ızgarada (broyler) geleneksel olarak kahverengi yapın ya da zaman kazanmak için mikrodalgaya geri dönün ve peynir köpürene ve eriyene kadar 1-2 dakika Tam olarak ısıtın.

Ardıç Meyveli Kabak

4-5 servis

8 ardıç meyvesi

30 ml/2 yemek kaşığı tereyağı veya margarin

450 gr kabak Kabak, tepesinde kuyruk ve ince dilimler halinde kesilmiş

2,5 ml/½ çay kaşığı tuz

30 ml/2 yemek kaşığı ince kıyılmış maydanoz

Ardıç meyvelerini tahta bir kaşığın ucuyla hafifçe ezin. 20 cm/8 çapında derin bir kaba tereyağı veya margarini koyun. Buz çözmede 1-1½ dakika boyunca açıkta eritin. Ardıç meyveleri, kabak ve tuzu karıştırın ve tabağın altını kaplayacak şekilde eşit bir tabaka halinde yayın. Streç filmle (plastik sargı) örtün ve buharın çıkması için iki kez kesin. Tencereyi dört kez çevirerek 10 dakika Tam olarak pişirin. 2 dakika kenara koyun. Ortaya çıkarın ve maydanoz serpin.

Pernod'dan Çin Tereyağı Yaprakları

4 kişilik

Lahana salatası ve sert marulun dokusu ve tadı arasında bir geçiş olan Çin yaprakları, çok güzel görünen pişmiş bir sebze sağlar ve anasonun hassas ve ince bir ipucunu ekleyen Pernod ilavesiyle büyük ölçüde zenginleştirilir.

675 g / 1 ½ lb. Çin yaprağı, doğranmış
50g/2oz/¼ fincan tereyağı veya margarin
15 ml/1 yemek kaşığı Pernod
2,5–5 ml/½–1 çay kaşığı tuz

Doğranmış yaprakları 2L/3½ pt/8½ fincanlık bir kaba koyun. Ayrı bir kapta tereyağı veya margarini eritip 2 dakika defrost yapın. Pernod ve tuz ile lahana ekleyin ve hafifçe karıştırın. Bir tabakla örtün ve iki kez karıştırarak 12 dakika Dolu pişirin. Servis yapmadan önce 5 dakika bekletin.

Çin fasulye filizi

4 kişilik

450 gr taze fasulye filizi
10 ml/2 çay kaşığı koyu soya sosu
5 ml/1 çay kaşığı Worcestershire sosu
5 ml/1 çay kaşığı soğan tuzu

Tüm malzemeleri büyük bir kapta karıştırın. 20 cm/8 çapında (Hollanda fırını) derin, fırına dayanıklı bir kaba aktarın. Bir tabakla örtün ve 5 dakika Dolu pişirin. 2 dakika bekletin, karıştırın ve servis yapın.

portakallı havuç

4-6 servis

50g/2oz/¼ fincan tereyağı veya margarin
450 g/l 1/2 havuç, rendelenmiş
1 soğan, rendelenmiş
15 ml/1 yemek kaşığı taze portakal suyu
5 ml/1 çay kaşığı ince rendelenmiş portakal kabuğu
5 ml/1 çay kaşığı tuz

20 cm/8 çapında derin bir kaba tereyağı veya margarini koyun. Buz çözmede 1½ dakika boyunca açıkta eritin. Diğer tüm malzemeleri ekleyin ve iyice karıştırın. Streç filmle (plastik sargı) örtün ve buharın çıkması için iki kez kesin. Tencereyi iki kez çevirerek 15 dakika Tam olarak pişirin. Servis yapmadan önce 2-3 dakika bekletin.

kızarmış hindiba

4 kişilik

Hafif bir kuşkonmaz tadı olan sıra dışı bir sebze mezesi. Yumurta ve kümes hayvanı yemekleri ile servis yapın.

4 hindiba başı (Belçika hindiba)
30 ml/2 yemek kaşığı tereyağı veya margarin
1 sebze bulyon küpü
15 ml/1 yemek kaşığı kaynar su
2,5 ml/½ çay kaşığı soğan tuzu
30 ml/2 yemek kaşığı limon suyu

Ezilmiş veya zarar görmüş dış yaprakları atarak hindibayı kesin. Acıyı azaltmak için her birinin tabanından koni şeklindeki çekirdeği çıkarın. Hindibayı 1,5 cm/½ kalınlığında dilimler halinde kesin ve 1,25 L/2¼ pt/5½ fincan fırına dayanıklı bir kaba (Hollanda fırını) koyun. Tereyağını veya margarini ayrı ayrı 1½ dakika eritin. Hindibanın üzerine dökün. Bulguru kaynayan suya atın, tuz ve limon suyu ekleyin. Hindiba kaşığı. Streç filmle (plastik sargı) örtün ve buharın çıkması için iki kez kesin. Tencereyi üç kez çevirerek 9 dakika Tam olarak pişirin. Tabaktaki meyve suları ile servis yapmadan önce 1 dakika bekletin.

Limonlu Haşlanmış Havuç

4 kişilik

Et yemekleri ve av eti yemekleri için yoğun turuncu renkli havuç yemeği.

450 gr havuç, ince dilimler halinde kesilmiş

60 ml/4 yemek kaşığı kaynamış su

30 ml/2 yemek kaşığı tereyağı

1,5 ml/¼ çay kaşığı zerdeçal

5 ml/1 çay kaşığı ince rendelenmiş limon kabuğu rendesi

Havuçları 1,25L/2¼pt/5½ bardak kaynayan suya koyun. Streç filmle (plastik sargı) örtün ve buharın çıkması için iki kez kesin. Tencereyi üç kez çevirerek 9 dakika Tam olarak pişirin. 2 dakika kenara koyun. çıkış. Hemen tereyağı, zerdeçal ve misket limonu kabuğunu atın. Hemen ye.

Sherry'de rezene

4 kişilik

900 gr rezene
50g/2oz/¼ fincan tereyağı veya margarin
2,5 ml/½ çay kaşığı tuz
7,5 ml/1½ çay kaşığı Fransız hardalı
30 ml/2 yemek kaşığı orta kuru şeri
2,5 ml/½ çay kaşığı kurutulmuş veya 5 ml/1 çay kaşığı kıyılmış taze tarhun

Dereotu yıkayın ve kurutun. Kahverengi alanları çıkarın ancak "parmaklar" ve yeşil yapraklar üzerinde bırakın. Tereyağını veya margarini üstü açık olarak 1½ -2 dakika eritin. Malzemelerin geri kalanını yavaşça çırpın. Her dereotu başını dörde bölün ve 25 cm/10 çapında derin bir tabağa koyun. Tereyağı karışımı ile fırçalayın. Bir tabakla örtün ve tabağı dört kez çevirerek Tam olarak 20 dakika pişirin. Servis yapmadan önce 7 dakika bekletin.

Jambonlu şarapta haşlanmış pırasa

4 kişilik

5 dar pırasa, toplam yaklaşık 450g/1lb
30 ml/2 yemek kaşığı tereyağı veya margarin, pişirme sıcaklığında
225 gr pişmiş jambon, doğranmış
60 ml/4 yemek kaşığı kırmızı şarap
Tuz ve taze çekilmiş karabiber

Gözeneklerin dal uçlarını kesin, ardından yeşil "etek"in 10 cm/4 inç dışında hepsini kesin. Pırasaları dikkatlice, neredeyse üste gelecek şekilde uzunlamasına ikiye bölün. Herhangi bir toprak veya kumu çıkarmak için soğuk akan su altında yapraklar arasında iyice yıkayın. Tereyağı veya margarini 25 x 20 cm/10 x 8 inçlik bir kaba koyun. Buz çözme modunda 1-1½ dakika eritin, ardından altını ve yanları fırçalayın. Pırasaları en alta tek sıra olacak şekilde dizin. Jambon ve şarap serpin ve baharatlayın. Streç filmle (plastik sargı) örtün ve buharın çıkması için iki kez kesin. Tencereyi iki kez çevirerek 15 dakika Tam olarak pişirin. 5 dakika kenara koyun.

Pişmiş Pırasa

4 kişilik

5 dar pırasa, toplam yaklaşık 450g/1lb
30 ml/2 yemek kaşığı tereyağı veya margarin
60 ml/4 yemek kaşığı sebze suyu
Tuz ve taze çekilmiş karabiber

Gözeneklerin dal uçlarını kesin, ardından yeşil "etek"in 10 cm/4 inç dışında hepsini kesin. Pırasaları dikkatlice, neredeyse üste gelecek şekilde uzunlamasına ikiye bölün. Herhangi bir toprak veya kumu çıkarmak için soğuk akan su altında yapraklar arasında iyice yıkayın. 1,5 cm/½ kalınlığında dilimler halinde kesin. 1,75L/3pt/7½ fincan fırına dayanıklı bir kaba (Hollanda fırını) koyun. Ayrı bir kapta tereyağı veya margarini eriterek 1½ dakika defrost yapın. Et suyunu ekleyin ve tatmak için iyice baharatlayın. Pırasaların üzerine bir kaşık. Bir tabakla örtün ve iki kez karıştırarak 10 dakika Dolu pişirin.

Fırında Kereviz

4 kişilik

Pırasa graten gibi hazırlayın, ancak pırasayı 450 g/lb yıkanmış kerevizle değiştirin. İsterseniz küçük doğranmış bir soğan ekleyin ve 1½ dakika daha pişirin.

Et ile doldurulmuş biber

4 kişilik

4 adet yeşil (dolmalık) biber

30 ml/2 yemek kaşığı tereyağı veya margarin

1 soğan, ince kıyılmış

225g/8oz/2cup yağsız kıyma (kıyılmış) sığır eti

30 ml/2 yemek kaşığı uzun taneli pirinç

5 ml/1 çay kaşığı kurutulmuş bitki karışımları

5 ml/1 çay kaşığı tuz

120ml/4oz/¼ fincan sıcak su

Biberlerin baş kısımlarını kesin ve kenara alın. Her biberin iç liflerini ve tohumlarını atın. Devrilmeden dik durmaları için her bir tabandan ince birer şerit kesin. Tereyağı veya margarini tavaya koyun ve 1 dakika boyunca Tam olarak ısıtın. Soğanı ekleyin. 3 dakika boyunca ağzı açık olarak Tam modda pişirin. Eti çatalla parçalayarak karıştırın. 3 dakika boyunca ağzı açık olarak Tam modda pişirin. Pirinci, otları, tuzu ve 60 ml/4 yemek kaşığı suyu ekleyin. Karışımı biberlerin içine dökün. Temiz derin bir tabakta dik ve birbirine yakın şekilde düzenleyin. Kapakları değiştirin ve kalan suyu sos için biberlerin etrafına dökün. Streç filmle (plastik sargı) örtün ve buharın çıkması için iki kez kesin. Tencereyi iki kez çevirerek 15 dakika Tam olarak pişirin. Servis yapmadan önce 10 dakika bekletin.

Etli domatesli biber dolması

4 kişilik

Etli biber dolması gibi hazırlayın, ancak suyu 10 ml/2 çay kaşığı pudra şekeri ile tatlandırılmış domates suyuyla değiştirin.

Limon ve Kekik ile Hindi Doldurulmuş Biber

4 kişilik

Etle doldurulmuş biber gibi hazırlayın, ancak sığır eti kıyılmış (kıyılmış) hindi ve 2,5 ml / ½ çay kaşığı kekik karışımı ile değiştirin. 5 ml/1 çay kaşığı ince rendelenmiş limon kabuğu rendesi ekleyin.

Polonya kremalı mantar

Servis 6

Mantarların her masada önemli bir yer tuttuğu Polonya ve Rusya'da yaygındır. Yeni patates ve haşlanmış yumurta ile yiyin.

30 ml/2 yemek kaşığı tereyağı veya margarin

450 gr / 1 kiloluk mantar

30 ml/2 yemek kaşığı mısır unu (mısır unu)

30 ml/2 yemek kaşığı soğuk su

300 ml/½ pt/1¼ kap krema (süt ekşi krema)

10 ml/2 çay kaşığı tuz

Tereyağı veya margarini 2,25 L/4 adet/10 kap derin bir tabağa koyun. Buz çözmede 1½ dakika boyunca açıkta eritin. Mantarları karıştırın. Bir tabakla örtün ve iki kez karıştırarak 5 dakika Dolu pişirin. Mısır unu ile suyu pürüzsüz olana kadar karıştırın ve kremayı ekleyin. Yavaşça mantarlarla karıştırın. Daha önce olduğu gibi örtün ve kalın ve kremsi olana kadar üç kez karıştırarak 7-8 dakika Tam olarak pişirin. Tuz ekleyin ve hemen yiyin.

biber mantarı

Servis 6

Polonya mantarlarında olduğu gibi hazırlayın, ancak eritmeden önce 1 diş ezilmiş sarımsağı tereyağı veya margarine ekleyin. Her bir domates püresinden (salça) ve mantarlı biberlerden 15 ml/1 yemek kaşığı ile karıştırın. Biraz makarna ile servis yapın.

Körili mantar

Servis 6

Polonya usulü mantarlarda olduğu gibi hazırlayın, ancak eritmeden önce tereyağı veya margarine 15-30 ml/1-2 yemek kaşığı hafif köri ezmesi ve bir diş ezilmiş sarımsak ekleyin. Ekşi kremayı koyu doğal yoğurtla değiştirin ve tuzla birlikte 10 ml/2 çay kaşığı ince şeker ekleyin. Pirinçle servis yapın.

mercimek

6-7 kişilik

Kökleri Hindistan'da olan belirgin bir şekilde oryantal olan bu mercimek dhal, sayısız baharatla zarif bir şekilde baharatlanmıştır ve besleyici ve eksiksiz bir yemek için köri eşliğinde veya pirinçle tek başına servis edilebilir.

50g/2oz/¼ fincan sadeyağ, tereyağı veya margarin

4 soğan, doğranmış

1-2 diş sarımsak, ezilmiş

225g/8oz/11/3 fincan portakal mercimek, iyice durulanmış

5 ml/1 çay kaşığı zerdeçal

5 ml/1 çay kaşığı kırmızı biber

2,5 ml/½ çay kaşığı öğütülmüş zencefil

20 ml/4 çay kaşığı garam masala

1,5 ml/¼ çay kaşığı acı biber

4 yeşil kakule baklasından tohumlar

15 ml/1 yemek kaşığı domates püresi (salça)

750 ml/1¼ puan/3 bardak kaynar su

7,5 ml/1½ çay kaşığı tuz

Garnitür için doğranmış kişniş (kişniş) yaprakları

1,75 L/3 pt/7½ fincan fırına dayanıklı bir kaba (Hollanda fırını) ghee, tereyağı veya margarini koyun. Kapağı açık olarak 1 dakika boyunca Tam ısıda ısıtın. Soğan ve sarımsak ekleyin. Bir tabakla örtün ve 3 dakika Dolu pişirin. Diğer tüm malzemeleri karıştırın. Bir tabakla örtün ve dört kez karıştırarak 15 dakika Dolu pişirin. 3 dakika bekletin. Damak tadınıza göre çok kalınsa, biraz kaynar su ile seyreltin. Kişniş ile süsleyin ve servis yapmadan önce bir çatalla durulayın.

Soğan ve Domatesli Dhal

6-7 kişilik

3 soğan

50g/2oz/¼ fincan sadeyağ, tereyağı veya margarin

1-2 diş sarımsak, ezilmiş

225g/8oz/1 1/3 fincan portakal mercimek, iyice durulanmış

3 domates, beyazlatılmış, derili ve dilimlenmiş

5 ml/1 çay kaşığı zerdeçal

5 ml/1 çay kaşığı kırmızı biber

2,5 ml/½ çay kaşığı öğütülmüş zencefil

20 ml/4 çay kaşığı garam masala

1,5 ml/¼ çay kaşığı acı biber

4 yeşil kakule baklasından tohumlar

15 ml/1 yemek kaşığı domates püresi (salça)

750 ml/1¼ puan/3 bardak kaynar su

7,5 ml/1½ çay kaşığı tuz

İnce dilimler halinde kesilmiş 1 büyük soğan

10 ml/2 çay kaşığı ayçiçeği veya mısır yağı

1 soğanı ince dilimler halinde kesin ve gerisini doğrayın. 1,75 L/3 pt/7½ fincan fırına dayanıklı bir kaba (Hollanda fırını) ghee, tereyağı veya margarini koyun. Kapağı açık olarak 1 dakika boyunca Tam ısıda ısıtın. Doğranmış soğan ve sarımsağı karıştırın. Bir tabakla örtün ve 3 dakika Dolu pişirin. Diğer tüm malzemeleri karıştırın. Bir tabakla örtün ve dört kez karıştırarak 15 dakika Dolu pişirin. 3 dakika bekletin.

Damak tadınıza göre çok kalınsa, biraz kaynar su ile seyreltin.
Dilimlenmiş soğanı halkalara ayırın ve geleneksel olarak yağda hafif
altın rengi ve çıtır çıtır olana kadar kızartın (kızartın). Soğan halkaları
ile süsleyerek servis yapmadan önce dahl'ı çatalla kabartın. (Alternatif
olarak, doğranmış soğanı atlayın ve bunun yerine süpermarkette
satılan hazır kızarmış soğanlarla süsleyin.)

4 kişilik

25 gr/1 ons/2 yemek kaşığı sade yağ veya 15 ml/1 yemek kaşığı fıstık yağı

1 soğan, soyulmuş ve doğranmış

1 pırasa, soyulmuş ve doğranmış

2 diş sarımsak, ezilmiş

15 ml/1 yemek kaşığı sıcak köri tozu

5 ml/1 çay kaşığı öğütülmüş kimyon

5 ml/1 çay kaşığı garam masala

2,5 ml/½ çay kaşığı zerdeçal

1 küçük limonun suyu

150 ml/¼ puan/2/3 su bardağı sebze suyu

30 ml/2 yemek kaşığı domates püresi (salça)

30 ml/2 yemek kaşığı kavrulmuş kaju

450 gr karışık pişmiş kök sebzeler, doğranmış

175 gr pişmiş kahverengi pirinç

hizmet etmek için Pops

Tereyağını veya yağı 2,5L/4½pt/11cup bir kaba koyun. Kapağı açık olarak 1 dakika boyunca Tam ısıda ısıtın. Soğan, pırasa ve sarımsağı ekleyip iyice karıştırın. 3 dakika boyunca ağzı açık olarak Tam modda pişirin. Köri, kimyon, garam masala, zerdeçal ve limon suyunu ekleyin. İki kez karıştırarak 3 dakika boyunca Kapaksız olarak Dolu'da pişirin. Et suyu, domates püresi ve kaju fıstığını ekleyin. Ters çevrilmiş bir tabakla örtün ve 5 dakika Tam olarak pişirin. sebze ekleyin. Daha önce olduğu gibi örtün ve 4 dakika boyunca Tam olarak pişirin. Kahverengi pirinç ve popadomlarla servis yapın.

Karışık Sebze Köri

Servis 6

1,6 kg / 3½ lb. kırmızı veya yeşil biber gibi karışık sebzeler; kabak (kabak); soyulmamış patlıcan (patlıcan); havuç; patates; Brüksel lahanası veya brokoli; soğanlar; gözenekler

30 ml/2 yemek kaşığı fıstık veya mısır yağı

2 diş sarımsak, ezilmiş

60 ml/4 yemek kaşığı domates püresi (salça)

45 ml/3 yemek kaşığı garam masala

30ml/2 yemek kaşığı hafif, orta veya sıcak köri tozu

5 ml/1 çay kaşığı öğütülmüş kişniş (kişniş)

5 ml/1 çay kaşığı öğütülmüş kimyon

15 ml/1 yemek kaşığı tuz

1 büyük defne yaprağı

400 gr/14 ons/1 büyük kutu doğranmış domates

15 ml/1 yemek kaşığı ince (çok ince) şeker

150 ml/¼ puan/2/3 su bardağı kaynar su

250 gr / 9 ons / cömert 1 su bardağı pişmiş basmati veya uzun taneli pirinç

Servis için kalın doğal yoğurt

Tüm sebzeleri türüne göre hazırlayın. İsterseniz küçük küpler veya dilimler halinde kesin. 2,75 litre/5 puan/12 fincan derin bir tabağa koyun. Kaynar su ve pirinç hariç diğer tüm malzemeleri karıştırın. Büyük bir tabakla örtün ve sebzeler yumuşayana ancak yine de sert olana kadar dört kez karıştırarak 25-30 dakika Tam ayarda pişirin. Defne yaprağını çıkarın, suyla karıştırın ve tadına göre baharatlayın - köri ekstra tuz gerektirebilir. Pilav ve bir kase koyu doğal yoğurtla servis yapın.

jöle Akdeniz salatası

Servis 6

300 ml/½ pt/1¼ fincan soğuk sebze suyu veya sebze pişirme suyu

15 ml/1 yemek kaşığı toz jelatin

45 ml/3 yemek kaşığı domates suyu

45 ml/3 yemek kaşığı kırmızı şarap

1 yeşil biber (dolmalık), doğranmış ve şeritler halinde kesilmiş

2 domates, beyazlatılmış, derili ve dilimlenmiş

30 ml/2 yemek kaşığı süzülmüş kapari

50g / 2oz / ¼ fincan kıyılmış turşusu (turşu)

12 dilimlenmiş doldurulmuş zeytin

10 ml/2 çay kaşığı hamsi sosu

45 ml/3 yemek kaşığı et suyu veya sebze suyunu bir kaseye dökün. Jelatin ekleyin. Yumuşatmak için 5 dakika bekletin. Buz çözmede 2-2½ dakika boyunca açıkta eritin. Kalan suyu domates suyu ve şarapla karıştırın. Soğuyunca üzerini örtün, ardından koyulaşmaya ve sertleşmeye başlayana kadar buzdolabında saklayın. Biber şeritlerini bir kaseye koyun ve üzerine kaynar su dökün. Yumuşatmak için 5 dakika bekletin, sonra süzün. Kalın bir jöle için domates ve biber şeritlerini kalan malzemelerle karıştırın. 1,25L/2¼pt/5½ bardak nemli jöle kalıbına veya kaseye dökün. Sertleşene kadar birkaç saat örtün ve soğutun. Servis yapmak için, bir kalıbı veya kaseyi gevşetmek için bir kase sıcak suya batırın, ardından sıcak, ıslak bir bıçağı kenarlarından

hafifçe geçirin. Servis yapmadan önce nemlendirilmiş bir tabağa çevirin. (Nemlendirme, jölenin yapışmasını engeller.)

Jölede Yunan Salatası

Servis 6

Jöleli bir Akdeniz salatası yapın, ancak kapari ve turşusu (turşu) hariç tutun. 125 gr/1 su bardağı beyaz peynir, ince doğranmış ve 1 küçük doğranmış soğan ekleyin. Yerine doldurulmuş siyah çekirdeksiz zeytin (çekirdeği çıkarılmış).

jöle Rus salatası

Servis 6

Akdeniz Jöle Salatası gibi hazırlayın, ancak domates suyunu ve şarabı 90 ml/6 yemek kaşığı mayonezle ve domates ve biberleri 225 gr/8 ons/2 kap doğranmış havuç ve patatesle değiştirin. 30 ml/2 yemek kaşığı pişmiş bezelye ekleyin.

Hardallı Mayonezli Alabaş Salatası

Servis 6

Alabaş 900 gr
75 ml/5 yemek kaşığı kaynar su
5 ml/1 çay kaşığı tuz
10 ml/2 çay kaşığı limon suyu
60-120 ml/4-6 yemek kaşığı koyu mayonez
10-20 ml/2-4 çay kaşığı tam tahıllı hardal
Süslemek için dilimlenmiş turp

Alabaşları kaba bir şekilde soyun, iyice yıkayın ve sekiz parçaya bölün. Su, tuz ve limon suyu ile 1,25L/3pt/7½ bardaklık bir kaba koyun. Streç filmle (plastik sargı) örtün ve buharın çıkması için iki kez kesin. Tencereyi yumuşayana kadar üç kez çevirerek 10-15 dakika Tam olarak pişirin. Süzün ve dilimleyin veya küp küp doğrayın ve bir kaseye koyun. Mayonez ve hardalı karıştırın ve alabaşları parçalar iyice kaplanana kadar bu karışıma atın. Servis tabağına alıp turp dilimleri ile süsleyin.

Pancar, kereviz ve elma kapları

Servis 6

60 ml/4 yemek kaşığı soğuk su

15 ml/1 yemek kaşığı toz jelatin

225 ml/8 fl oz/1 bardak elma suyu

30 ml/2 yemek kaşığı ahududu sirkesi

5 ml/1 çay kaşığı tuz

225 gr pişmiş (salatalıksız) pancar (kırmızı), iri rendelenmiş

1 yenilebilir (tatlı) elma, soyulmuş ve iri rendelenmiş

1 kereviz sapı, ince kibrit çöpü şeklinde kesilmiş

1 küçük soğan, doğranmış

Küçük bir kaseye 45 ml/3 yemek kaşığı soğuk su dökün ve jelatini ekleyin. Yumuşatmak için 5 dakika bekletin. Buz çözmede 2-2½ dakika boyunca açıkta eritin. Kalan soğuk suda elma suyu, sirke ve tuz ile karıştırın. Soğuyunca üzerini örtün, ardından koyulaşmaya ve sertleşmeye başlayana kadar buzdolabında saklayın. Kısmen kürlenmiş jöleye pancar, elma, kereviz ve soğanı ekleyin ve iyice birleşene kadar hafifçe karıştırın. Altı küçük, nemlendirilmiş bardağa kaşıkla koyun, üzerini kapatın ve sertleşip katılaşana kadar buzdolabında saklayın. Bireysel plakalarda gösterin.

Sahte Waldorf kupaları

Servis 6

Pancar, kereviz ve elma gibi hazırlayın, ancak 30 ml/2 yemek kaşığı kıyılmış ceviz, sebze ve elma ekleyin.

sarımsak, mayonez ve antep fıstığı ile kereviz salatası

Servis 6

900 gr kereviz (kereviz kökü)
300 ml/½ puan/1¼ bardak soğuk su
15 ml/1 yemek kaşığı limon suyu
7,5 ml/1½ çay kaşığı tuz
1 diş sarımsak, ezilmiş
45 ml/3 yemek kaşığı iri kıyılmış antep fıstığı
60-120 ml/4-8 yemek kaşığı koyu mayonez
Garnitür için Radicchio yaprakları ve bütün antep fıstığı

Kerevizi soyun, iyice yıkayın ve sekiz parçaya bölün. 2,25 litrelik/4 adet/10 bardaklık bir kaba su, limon suyu ve tuz koyun. Streç filmle (plastik sargı) örtün ve buharın çıkması için iki kez kesin. Tencereyi dört kez çevirerek 20 dakika Tam olarak pişirin. Süzün, dilimleyin ve bir kaseye koyun. Sarımsak ve doğranmış antep fıstığını ekleyin. Hala sıcakken kereviz parçaları tamamen kaplanana kadar mayonez ile karıştırın. Bir servis tabağına aktarın. Servis yapmadan önce turp yaprakları ve antep fıstığı ile süsleyin, mümkünse hala biraz ılık.

Kontinental Kereviz Salatası

4 kişilik

Mükemmel ve tamamlayıcı tatların birleşimi, bu salatayı soğuk hindi ve jambona eşlik edecek uygun bir bayram salatası yapar.

750 gr kereviz (kereviz kökü)

75 ml/5 yemek kaşığı kaynar su

5 ml/1 çay kaşığı tuz

10 ml/2 çay kaşığı limon suyu

Giyinmek için:

30 ml/2 yemek kaşığı mısır veya ayçiçek yağı

15 ml/1 yemek kaşığı malt veya elma sirkesi

15 ml/1 yemek kaşığı hardal

2,5–5 ml/½–1 çay kaşığı kimyon

1,5 ml/¼ çay kaşığı tuz

5 ml/1 çay kaşığı ince şeker

Taze çekilmiş karabiber

Kerevizi kabaca soyun ve küçük küpler halinde kesin. 1,75 litre/3 pt/7½ fincanlık bir kaba koyun. Kaynar su, tuz ve limon suyunu ekleyin. Streç filmle (plastik sargı) örtün ve buharın çıkması için iki kez kesin. Tencereyi yumuşayana kadar üç kez çevirerek 10-15 dakika Tam olarak pişirin. çıkış. Diğer tüm malzemeleri iyice çırpın. Sıcak kereviz ekleyin ve iyice atın. Örtün ve soğuması için bir kenara koyun. Oda sıcaklığında servis yapın.

4 kişilik

Continental Kereviz Salatası gibi hazırlayın, ancak sosla aynı anda 4 dilim domuz pastırması, çıtır çıtır ızgara (fırınlanmış) ve ufalanmış ekleyin.

Ilık Soslu Biber ve Yumurtalı Enginar Salatası

Servis 6

400 gr/14 ons/1 büyük konserve enginar kalbi, süzülmüş

400 gr/14 ons/1 büyük kutu kırmızı biber, süzülmüş

10 ml/2 çay kaşığı kırmızı şarap sirkesi

60 ml/4 yemek kaşığı limon suyu

125ml/4oz/½ fincan zeytinyağı

1 diş sarımsak, ezilmiş

5 ml/1 çay kaşığı kıta hardalı

5 ml/1 çay kaşığı tuz

5 ml/1 çay kaşığı ince şeker

4 büyük haşlanmış (sert pişmiş) yumurta, soyulmuş ve rendelenmiş

225 gr/2 su bardağı beyaz peynir, doğranmış

Enginarı ikiye bölün ve biberleri şeritler halinde kesin. Ortada bir çöküntü bırakarak dönüşümlü olarak büyük bir tabak istifleyin. Küçük bir kapta sirke, limon suyu, yağ, sarımsak, hardal, tuz ve şekeri ekleyin. 1 dakika boyunca, kapağı açık olarak, iki kez çırparak ısıtın. Yumurtaları ve peyniri salatanın ortasına bir yığın halinde yerleştirin ve ılık sosu üzerine hafifçe gezdirin.

Adaçayı ve soğan ile doldurma

225-275g/8-10oz/11/3-12/3cup

Domuz eti için.

25 gr/2 yemek kaşığı tereyağı veya margarin
2 soğan, önceden pişirilmiş (bkz. tablo s. 45), doğranmış
125 gr/4 ons/2 fincan beyaz veya kahverengi galeta unu
5 ml/1 çay kaşığı kuru adaçayı
Biraz su veya süt
Tuz ve taze çekilmiş karabiber

Tereyağı veya margarini 1 litre/1¾ kısım/4¼ fincan kaba koyun. Kapağı açık olarak 1 dakika boyunca Tam ısıda ısıtın. Soğanı ekleyin. Her dakika karıştırarak 3 dakika boyunca Kapaksız olarak Dolu'da pişirin. Galeta unu ve adaçayını ve yeterince su veya sütü ufalanan bir kıvama gelinceye kadar karıştırın. Tatmak için mevsim. Soğuk kullanın.

Kereviz ve pesto dolması

225-275g/8-10oz/11/3-12/3cup

Balık ve kümes hayvanları için.

Adaçayı ve soğan dolgusunu hazırlayın, ancak soğanı 2 ince kıyılmış kereviz sapıyla değiştirin. Baharatlamadan önce 10 ml/2 çay kaşığı yeşil pesto ekleyin.

Pırasa ve domates ile doldurma

225-275g/8-10oz/11/3-12/3cup

Et ve kümes hayvanları için.

25 gr/2 yemek kaşığı tereyağı veya margarin
2 pırasa, sadece beyaz kısmı, çok ince dilimlenmiş
2 domates, beyazlatılmış, derili ve dilimlenmiş
125 gr/4 ons/2 fincan taze beyaz galeta unu
Tuz ve taze çekilmiş karabiber
İstenirse tavuk suyu

Tereyağı veya margarini 1 litre/1¾ kısım/4¼ fincan kaba koyun. Kapağı açık olarak 1 dakika boyunca Tam ısıda ısıtın. Pırasa ekleyin. Üç kez karıştırarak 3 dakika boyunca Kapaksız olarak Dolu'da pişirin. Domatesleri ve ekmek kırıntılarını karıştırın ve tatmak için baharatlayın. Gerekirse stokla bağlayın. Soğuk kullanın.

pastırma dolması

225-275g/8-10oz/11/3-12/3cup

Güçlü bir tada sahip et, kümes hayvanları ve balıklar için.

4 dilim (dilim) yağsız domuz pastırması, küçük parçalar halinde kesilmiş

25 gr/2 yemek kaşığı tereyağı, margarin veya domuz yağı

125 gr/4 ons/2 fincan taze beyaz galeta unu

5 ml/1 çay kaşığı Worcestershire sosu

5 ml/1 çay kaşığı hardal

2,5 ml/½ çay kaşığı kurutulmuş bitki karışımları

Tuz ve taze çekilmiş karabiber

Gerekirse süt

Pastırmayı 1 litrelik/1¾ kısım/4¼ fincanlık bir tabağa tereyağı, margarin veya domuz yağı ile koyun. Bir kez karıştırarak 2 dakika boyunca Kapaksız olarak Dolu'da pişirin. Galeta unu, Worcestershire sosu, hardal ve otları ilave edin ve tadına bakın. Gerekirse sütle bağlayın.

Pastırma ve kayısı ile doldurma

225-275g/8-10oz/1 1/3-1 2/3cup

Kümes hayvanları ve oyun için

Pastırma dolgusu gibi hazırlayın, ancak 6 adet iyi yıkanmış ve iri kıyılmış kayısı yarısını otlar ile birlikte ekleyin.

Mantar, limon ve kekik dolgusu

225-275g/8-10oz/1 1/3-1 2/3cup

Kümes hayvanları için.

25 gr/2 yemek kaşığı tereyağı veya margarin
125 gr mantar, dilimlenmiş
5 ml/1 çay kaşığı ince rendelenmiş limon kabuğu rendesi
2,5 ml/½ çay kaşığı kuru kekik
1 diş sarımsak, ezilmiş
125 gr/4 ons/2 fincan taze beyaz galeta unu
Tuz ve taze çekilmiş karabiber
Gerekirse süt

Tereyağı veya margarini 1 litre/1¾ kısım/4¼ fincan kaba koyun. Kapağı açık olarak 1 dakika boyunca Tam ısıda ısıtın. Mantar ekleyin. İki kez karıştırarak 3 dakika boyunca Kapaksız olarak Dolu'da pişirin. Limon kabuğu rendesi, kekik, sarımsak ve galeta ununu ilave edip tatlandırın. Sadece doldurma kuru tarafta kaldığında sütle bağlayın. Soğuk kullanın.

Mantar ve pırasa dolması

225-275g/8-10oz/11/3-12/3cup

Kümes hayvanları, sebzeler ve balıklar için.

25 gr/2 yemek kaşığı tereyağı veya margarin
1 pırasa, sadece beyaz kısmı, çok ince dilimlenmiş
125 gr dilimlenmiş mantar
125 gr/4 ons/2 fincan taze kahverengi galeta unu
30 ml/2 yemek kaşığı kıyılmış maydanoz
Tuz ve taze çekilmiş karabiber
Gerekirse süt

Tereyağı veya margarini 1,25 litrelik/2¼ pt/5½ fincanlık bir kaba koyun. Kapağı açık olarak 1 dakika boyunca Tam ısıda ısıtın. Pırasayı ilave edin.Bir kez karıştırarak 2 dakika boyunca ağzı açık olarak Tam ateşte pişirin. Mantarları karıştırın. İki kez karıştırarak 2 dakika boyunca Kapaksız olarak Dolu'da pişirin. Galeta unu ve maydanozu ilave edip tatlandırın. Sadece doldurma kuru tarafta kaldığında sütle bağlayın. Soğuk kullanın.

Jambon ve ananas ile doldurma

225-275g/8-10oz/11/3-12/3cup

Kümes hayvanları için.

25 gr/2 yemek kaşığı tereyağı veya margarin

1 soğan, ince kıyılmış

1 taze ananas halkası, soyulmuş ve posası doğranmış

75 gr pişmiş jambon, doğranmış

125 gr/4 ons/2 fincan taze beyaz galeta unu

Tuz ve taze çekilmiş karabiber

Tereyağı veya margarini 1 litre/1¾ kısım/4¼ fincan kaba koyun. Kapağı açık olarak 1 dakika boyunca Tam ısıda ısıtın. Soğanı ekleyin. Bir kez karıştırarak 2 dakika boyunca Kapaksız olarak Dolu'da pişirin. Ananas ve jambon ekleyin. İki kez karıştırarak 2 dakika boyunca Kapaksız olarak Dolu'da pişirin. Ekmek kırıntılarını açın ve tatmak için baharatlayın. Soğuk kullanın.

Mantar ve kaju fıstığı ile Asya dolgusu

225-275g/8-10oz/11/3-12/3cup

Kümes hayvanları ve balıklar için.

25 gr/2 yemek kaşığı tereyağı veya margarin
6 taze soğan (arpacık), doğranmış
125 gr dilimlenmiş mantar
125 gr/4 ons/2 fincan taze kahverengi galeta unu
45 ml/3 yemek kaşığı kaju fıstığı, kavrulmuş
30 ml/2 yemek kaşığı kişniş yaprağı (kişniş)
Tuz ve taze çekilmiş karabiber
Gerekirse soya sosu

Tereyağı veya margarini 1,25 litrelik/2¼ pt/5½ fincanlık bir kaba koyun. Kapağı açık olarak 1 dakika boyunca Tam ısıda ısıtın. Soğanı ekleyin. Bir kez karıştırarak 2 dakika boyunca Kapaksız olarak Dolu'da pişirin. Mantarları karıştırın. İki kez karıştırarak 2 dakika boyunca Kapaksız olarak Dolu'da pişirin. Galeta unu, kaju fıstığı ve kişniş ekleyin ve tadına bakın. Sadece doldurma kuru tarafta kalırsa soya sosuyla bağlayın. Soğuk kullanın.

225-275g/8-10oz/11/3-12/3cup

Kümes hayvanları, kuzu eti ve av eti için.

Jambon ve Ananas Dolması olarak hazırlayın, ancak ananası 2 rendelenmiş havuç ile değiştirin.

Jambon, muz ve mısır ile doldurma

225-275g/8-10oz/11/3-12/3cup

Kümes hayvanları için.

Jambon ve Ananas Dolması olarak hazırlayın, ancak ananas yerine 1 küçük iri ezilmiş muz koyun. Galeta unu ile birlikte 30 ml/2 yemek kaşığı mısır (mısır) ekleyin.

İtalyan doldurma

225-275g/8-10oz/11/3-12/3cup

Kuzu, kümes hayvanları ve balıklar için.

30 ml/2 yemek kaşığı zeytinyağı

1 diş sarımsak

1 kereviz sapı, ince kıyılmış

2 domates, beyazlatılmış, kabuklu ve iri doğranmış

12 adet çekirdeği çıkarılmış siyah zeytin, ikiye bölünmüş

10 ml/2 çay kaşığı kıyılmış fesleğen yaprağı

Ciabatta gibi İtalyan ekmeğinden 125 gr/2 su bardağı taze galeta unu

Tuz ve taze çekilmiş karabiber

Zeytinyağını 1 litre/1¾ pt/4¼ fincan tabağa dökün. Kapağı açık olarak 1 dakika boyunca Tam ısıda ısıtın. Sarımsak ve kereviz ekleyin. Bir kez karıştırarak 2½ dakika boyunca Kapaksız olarak Tam olarak pişirin. Diğer tüm malzemeleri karıştırın. Soğuk kullanın.

İspanyol doldurma

225-275g/8-10oz/11/3-12/3cup

Güçlü balık ve kümes hayvanları için.

İtalyan dolmasında olduğu gibi hazırlayın, ancak çekirdeksiz siyah zeytin (çekirdeksiz) yerine ikiye bölünmüş doldurulmuş zeytin kullanın. İtalyan ekmek kırıntıları yerine sade beyaz ekmek kırıntıları kullanın ve 30 ml/2 yemek kaşığı pul (dilimlenmiş) ve kızarmış badem ekleyin.

Portakal ve kişniş doldurma

175 gr/6 ons/1 bardak yapar

Et ve kümes hayvanları için.

25 gr/2 yemek kaşığı tereyağı veya margarin
1 küçük soğan, ince kıyılmış
125 gr/4 ons/2 fincan taze beyaz galeta unu
1 portakalın ince rendelenmiş kabuğu ve suyu
45 ml/3 yemek kaşığı ince kıyılmış kişniş yaprağı (kişniş)
Tuz ve taze çekilmiş karabiber
Gerekirse süt

Tereyağı veya margarini 1 litre/1¾ kısım/4¼ fincan kaba koyun. Kapağı açık olarak 1 dakika boyunca Tam ısıda ısıtın. Soğanı ekleyin. Bir kez karıştırarak 3 dakika boyunca Kapaksız olarak Dolu'da pişirin. Kırıntıları, portakal kabuğu rendesini ve suyunu ve kişnişi (kişniş) karıştırın ve tadına bakın. Sadece doldurma kuru tarafta kaldığında sütle bağlayın. Soğuk kullanın.

Limon ve kişniş dolgusu

175 gr/6 ons/1 bardak

balık için

Portakal ve kişniş dolgusu olarak hazırlayın, ancak portakalın rendelenmiş kabuğu ve 1 limonun suyu ile değiştirin.

275 gr/10 ons/12/3 fincan

Zengin etler ve kümes hayvanları için.

125 gr yıkanmış kuru kayısı
sıcak siyah çay
25 gr/2 yemek kaşığı tereyağı veya margarin
1 küçük soğan, doğranmış
5 ml/1 çay kaşığı ince rendelenmiş portakal kabuğu
1 portakalın suyu
125 gr/4 ons/2 fincan taze beyaz galeta unu
Tuz ve taze çekilmiş karabiber

Kayısıları en az 2 saat ılık çayda bekletin. Süzün ve makasla küçük parçalar halinde kesin. Tereyağı veya margarini 1,25 litrelik/2¼ pt/5½ fincanlık bir kaba koyun. Kapağı açık olarak 1 dakika boyunca Tam ısıda ısıtın. Soğanı ekleyin. Bir kez karıştırarak 2 dakika boyunca Kapaksız olarak Dolu'da pişirin. Kayısı dahil diğer tüm malzemeleri karıştırın. Soğuk kullanın.

Elma, Üzüm ve Fındık Dolması

275 gr/10 ons/12/3 fincan

Domuz eti, kuzu eti, ördek ve kaz için.

25 gr/2 yemek kaşığı tereyağı veya margarin

1 yemek (tatlı) elma, soyulmuş, dörde bölünmüş, özlü ve doğranmış

1 küçük soğan, doğranmış

30 ml/2 yemek kaşığı kuru üzüm

30 ml/2 yemek kaşığı kıyılmış ceviz

5 ml/1 çay kaşığı ince şeker

125 gr/4 ons/2 fincan taze beyaz galeta unu

Tuz ve taze çekilmiş karabiber

Tereyağı veya margarini 1,25 litrelik/2¼ pt/5½ fincanlık bir kaba koyun. Kapağı açık olarak 1 dakika boyunca Tam ısıda ısıtın. Elma ve soğan ekleyin. Bir kez karıştırarak 2 dakika boyunca Kapaksız olarak Dolu'da pişirin. Diğer tüm malzemeleri karıştırın. Soğuk kullanın.

Elma, erik ve brezilya cevizi dolgusu

275 gr/10 ons/12/3 fincan

Kuzu ve hindi için.

Elma, kuru üzüm ve ceviz dolgulu olarak hazırlayın ancak kuru üzümleri 8 adet çekirdekleri çıkarılmış ve doğranmış eriklerle değiştirin ve cevizleri 30 ml/2 yemek kaşığı ince dilimlenmiş brezilya fıstığı ile değiştirin.

Elma, hurma ve fındık ile doldurma

275 gr/10 ons/12/3 fincan

Kuzu ve geyik eti için.

Elma, kuru üzüm ve ceviz dolgusu olarak hazırlayın, ancak kuru üzüm yerine 45 ml/3 yemek kaşığı kıyılmış hurma ve cevizleri 30 ml/2 yemek kaşığı kavrulmuş ve kıyılmış fındık ile değiştirin.

Sarımsak, biberiye ve limon ile doldurma

175 gr/6 ons/1 bardak

Kuzu ve domuz eti için.

25 gr/2 yemek kaşığı tereyağı veya margarin
2 diş sarımsak, ezilmiş
1 küçük limonun rendelenmiş kabuğu
5 ml/1 çay kaşığı kurutulmuş biberiye, ezilmiş
15 ml/1 yemek kaşığı kıyılmış maydanoz
125 gr/4 ons/2 fincan taze beyaz veya kahverengi galeta unu
Tuz ve taze çekilmiş karabiber
İstenirse süt veya sek kırmızı şarap

Tereyağı veya margarini 1 litre/1¾ kısım/4¼ fincan kaba koyun. Kapağı açık olarak 1 dakika boyunca Tam ısıda ısıtın. Sarımsak ve limon kabuğu rendesini ekleyin. Açıkta, Tam modda 30 saniye ısıtın. Karıştırın ve biberiye, maydanoz ve ekmek kırıntılarını ekleyin. Tatmak için mevsim. Sadece doldurma kuru tarafta kalırsa süt veya şarapla bağlayın. Soğuk kullanın.

Parmesan peyniri ile sarımsak, biberiye ve limon ile doldurma

175 gr/6 ons/1 fincan.

Sığır eti için.

Sarımsak, biberiye ve limon dolgusu olarak hazırlayın, ancak galeta unuyla birlikte 45 ml/3 yemek kaşığı rendelenmiş Parmesan peyniri ekleyin.

Deniz ürünleri doldurma

275 gr/10 ons/12/3 fincan

Balık ve sebzeler için.

25 gr/2 yemek kaşığı tereyağı veya margarin
125 gr/1 su bardağı soyulmuş bütün karides (karides)
5 ml/1 çay kaşığı ince rendelenmiş limon kabuğu rendesi
125 gr/4 ons/2 fincan taze beyaz galeta unu
1 yumurta, çırpılmış
Tuz ve taze çekilmiş karabiber
Gerekirse süt

Tereyağı veya margarini 1 litre/1¾ kısım/4¼ fincan kaba koyun. Kapağı açık olarak 1 dakika boyunca Tam ısıda ısıtın. Karidesleri, limon kabuğu rendesini, galeta ununu ve yumurtayı karıştırın ve tatmak için baharatlayın. Sadece doldurma kuru tarafta kaldığında sütle bağlayın. Soğuk kullanın.

Parma jambonu doldurma

275 gr/10 ons/12/3 fincan

Kümes hayvanları için.

Deniz ürünleri dolgusu gibi hazırlayın, ancak karides (karides) yerine 75g/3oz/¾ fincan kaba kıyılmış Parma jambonu kullanın.

sosis doldurma

275 gr/10 ons/12/3 fincan

Kümes hayvanları ve domuz eti için.

25 gr/2 yemek kaşığı tereyağı veya margarin
225g/8oz/1 su bardağı domuz veya sığır sosisi
1 küçük soğan, rendelenmiş
30 ml/2 yemek kaşığı ince kıyılmış maydanoz
2,5 ml/½ çay kaşığı hardal tozu
1 yumurta, çırpılmış

Tereyağı veya margarini 1 litre/1¾ kısım/4¼ fincan kaba koyun. Kapağı açık olarak 1 dakika boyunca Tam ısıda ısıtın. Sosis ve soğanı karıştırın. Sosisleri iyice parçalamak için her dakika karıştırarak 4 dakika boyunca ağzı açık olarak Tam modda pişirin. Diğer tüm malzemeleri karıştırın. Soğuk kullanın.

Sosis ve ciğer dolgusu

275 gr/10 ons/12/3 fincan

Kümes hayvanları için.

Sosis doldurma gibi hazırlayın, ancak sosis miktarını 175g/6oz/¾ bardağa düşürün. 50 g/2 oz/½ fincan iri kıyılmış tavuk ciğeri ile sosis ve soğanı ekleyin.

Sosis ve mısır doldurma

275 gr/10 ons/12/3 fincan

Kümes hayvanları için.

Sosis dolmasında olduğu gibi hazırlayın, ancak pişirmenin sonuna doğru 30-45 ml/2-3 yemek kaşığı pişmiş mısır ekleyin.

Sosis ve Portakal Doldurma

275 gr/10 ons/12/3 fincan

Kümes hayvanları için.

Et dolmasında olduğu gibi hazırlayın, ancak pişirme sonunda 5-10 ml/1-2 çay kaşığı ince rendelenmiş portakal kabuğu ekleyin.

Yumurtalı Kestane Doldurma

350g/12oz/2fincan yapar

Kümes hayvanları için.

125 gr / 1 su bardağı kuru kestane, geceden suda bekletilip süzüldü

25 gr/2 yemek kaşığı tereyağı veya margarin

1 küçük soğan, rendelenmiş

1,5 ml/¼ çay kaşığı öğütülmüş hindistan cevizi

125 gr/4 ons/2 fincan taze kahverengi galeta unu

5 ml/1 çay kaşığı tuz

1 büyük yumurta, dövülmüş

15 ml/1 yemek kaşığı çift (ağır) krema

Kestaneleri 1,25 litre/2¼ pt/5½ fincan (Hollanda fırını) güvecine koyun ve üzerini kaynar suyla kapatın. 5 dakika kenara koyun. Streç filmle (plastik sargı) örtün ve buharın çıkması için iki kez kesin. Kestaneler yumuşayana kadar 30 dakika Dolu ayarda pişirin. Süzün ve soğumaya bırakın. Küçük parçalara ayırın. Tereyağı veya margarini 1,25 litrelik/2¼ pt/5½ fincanlık bir kaba koyun. Kapağı açık olarak 1 dakika boyunca Tam ısıda ısıtın. Soğanı ekleyin. Bir kez karıştırarak 2 dakika boyunca Kapaksız olarak Dolu'da pişirin. Kestane, küçük hindistan cevizi, galeta unu, tuz ve yumurtayı karıştırın. Krema ile birleştirin. Soğuk kullanın.

Kestane ve kızılcık dolması

350g/12oz/2fincan yapar

Kümes hayvanları için.

Kestaneli Yumurta Dolması'ndaki gibi hazırlayın, ancak yumurta yerine iç harcı 30-45 ml/2-3 yk kızılcık sosuyla bağlayın. Dolgu kuru tarafta kalırsa biraz krema ekleyin.

Kremalı Kestane Dolgusu

900g/2lb/5cup yapar

Kümes hayvanları ve balıklar için.

50 gr/2 ons/¼ fincan tereyağı, margarin veya süzülmüş domuz
pastırması
1 soğan, rendelenmiş
500 g/1lb 2 oz/2¼ bardak şekersiz konserve kestane püresi
225 gr/8 ons/4 su bardağı taze beyaz galeta unu
Tuz ve taze çekilmiş karabiber
2 yumurta, çırpılmış
Gerekirse süt

1¾ litre/3 pt/7½ kap kabına tereyağı, margarin veya damlama koyun. Kapaksız olarak 1½ dakika boyunca Tam ısıda ısıtın. Soğanı ekleyin. Bir kez karıştırarak 2 dakika boyunca Kapaksız olarak Dolu'da pişirin. Kestane püresi, galeta unu, tuz ve karabiber ile yumurtaları iyice karıştırın. Sadece doldurma kuru tarafta kaldığında sütle bağlayın. Soğuk kullanın.

Kestane ve sosislerin krema dolgusu

900g/2lb/5cup yapar

Kümes hayvanları ve oyun için.

Kestane krema dolgusu gibi hazırlayın, ancak kestane püresinin yarısını 250 gr / 1 su bardağı sucuk ile değiştirin.

Bütün kestane dolgulu kremalı kestane

900g/2lb/5cup yapar

Kümes hayvanları için.

Kestane krema dolgusu gibi hazırlayın ancak 12 adet pişmiş ve ezilmiş kestaneyi galeta unuyla birlikte ekleyin.

Verim 675 g/1½ lb/4 bardak

Hindi ve tavuk için.

15 ml/1 yemek kaşığı tereyağı veya margarin
5 ml/1 çay kaşığı ayçiçek yağı
1 küçük soğan, ince kıyılmış
1 diş sarımsak, ezilmiş
50 gr / 1 su bardağı kuru maydanoz ve kekik iç harcı
440g/15½oz/2 su bardağı konserve şekersiz kestane püresi
150 ml/¼ puan/2/3 su bardağı sıcak su
1 limonun ince rendelenmiş kabuğu
1,5-2,5 ml/¼-½ çay kaşığı tuz

Tereyağı veya margarini ve sıvı yağı 1,25L/2¼ pt/5½ fincan kaseye koyun. Açıkta, Tam modda 25 saniye ısıtın. Soğan ve sarımsak ekleyin. 3 dakika boyunca ağzı açık olarak Tam modda pişirin. Kuru doldurma karışımını ekleyin ve iyice karıştırın. İki kez karıştırarak 2 dakika boyunca Kapaksız olarak Dolu'da pişirin. Mikrodalgadan çıkarın. Kestane püresini dönüşümlü olarak sıcak su ile birleşene kadar yavaş yavaş karıştırın. Tatmak için limon kabuğu rendesi ve tuz ekleyin. Soğuk kullanın.

Gammon ile kestane dolgusu

Verim 675 g/1½ lb/4 bardak

Hindi ve tavuk için.

Maydanoz ve kekik ile kestane dolgusu gibi hazırlayın, ancak limon kabuğu rendesi ve tuzla birlikte 75 gr kıyılmış jambon ekleyin.

Tavuk ciğer dolması

350g/12oz/2fincan yapar

Kümes hayvanları ve oyun için.

125 gr/4 ons/2/3 su bardağı tavuk ciğeri
25 gr/2 yemek kaşığı tereyağı veya margarin
1 soğan, rendelenmiş
30 ml/2 yemek kaşığı ince kıyılmış maydanoz
1,5 ml/¼ çay kaşığı öğütülmüş yenibahar
125 gr/4 ons/2 fincan taze beyaz veya kahverengi galeta unu
Tuz ve taze çekilmiş karabiber
İstenirse tavuk suyu

Ciğerleri yıkayıp mutfak kağıdı üzerinde kurutun. Küçük parçalar halinde kesin. Tereyağı veya margarini 1,25 litrelik/2¼ pt/5½ fincanlık bir kaba koyun. Kapağı açık olarak 1 dakika boyunca Tam ısıda ısıtın. Soğanı ekleyin. Bir kez karıştırarak 2 dakika boyunca Kapaksız olarak Dolu'da pişirin. Ciğerleri ekleyin. Açıkta pişirin, buzunu çözerek 3 dakika 3 kez karıştırarak pişirin. Maydanoz, yenibahar ve galeta unu ilave edip tatlandırın. Sadece doldurma kuru tarafta kaldığında biraz stokla bağlayın. Soğuk kullanın.

Ceviz ve portakal ile doldurulmuş tavuk karaciğeri

350g/12oz/2fincan yapar

Kümes hayvanları ve oyun için.

Tavuk ciğeri dolgusu gibi hazırlayın, ancak 30 ml/2 yemek kaşığı kırık ceviz ve 5 ml/1 çay kaşığı ince rendelenmiş portakal kabuğu rendesi ve galeta ununu ekleyin.

Üçlü Fıstık Doldurma

350g/12oz/2fincan yapar

Kümes hayvanları ve et için.

15 ml/1 yemek kaşığı susam yağı
1 diş sarımsak, ezilmiş
125 gr/4 ons/2/3 su bardağı ince öğütülmüş fındık
125 gr/4 ons/2/3 su bardağı ince öğütülmüş ceviz
125g/4oz/2/3 fincan ince öğütülmüş badem
Tuz ve taze çekilmiş karabiber
1 yumurta, çırpılmış

Yağı oldukça büyük bir kaba dökün. Kapağı açık olarak 1 dakika boyunca Tam ısıda ısıtın. Sarımsak ekleyin. 1 dakika boyunca ağzı açık olarak Tam modda pişirin. Tüm fındıkları karıştırın ve tatmak için baharatlayın. Yumurta ile bağlayın. Soğuk kullanın.

Patates ve hindi ciğeri dolması

Verim 675 g/1 ½ lb/4 bardak

Kümes hayvanları için.

450 gr un patates

25 gr/2 yemek kaşığı tereyağı veya margarin

1 soğan, doğranmış

2 dilim (dilim) yağsız domuz pastırması, doğranmış

5 ml/1 çay kaşığı kurutulmuş bitki karışımları

45 ml/3 yemek kaşığı ince kıyılmış maydanoz

2,5 ml/½ çay kaşığı öğütülmüş tarçın

2,5 ml/½ çay kaşığı öğütülmüş zencefil

1 yumurta, çırpılmış

Tuz ve taze çekilmiş karabiber

Patatesleri Kremalı Patates için önerildiği gibi, ancak sadece 60ml/4 yemek kaşığı su kullanarak pişirin. Süzün ve yoğurun. Tereyağı veya margarini 1,25 litrelik/2¼ pt/5½ fincanlık bir kaba koyun. Kapağı açık olarak 1 dakika boyunca Tam ısıda ısıtın. Soğan ve pastırma ekleyin. İki kez karıştırarak 3 dakika boyunca Kapaksız olarak Dolu'da pişirin. Patates de dahil olmak üzere diğer tüm malzemeleri karıştırın, tadına bakın. Soğuk kullanın.

otlar ile pirinç dolması

450g/1lb/22/3cup yapar

Kümes hayvanları için.

125 gr/2/3 su bardağı pişirmesi kolay uzun taneli pirinç
250 ml/8 fl oz/1 su bardağı kaynar su
2,5 ml/½ çay kaşığı tuz
25 gr/2 yemek kaşığı tereyağı veya margarin
1 küçük soğan, rendelenmiş
5 ml/1 çay kaşığı kıyılmış maydanoz
5 ml/1 çay kaşığı kişniş yaprağı (kişniş)
5 ml/1 çay kaşığı adaçayı
5 ml/1 çay kaşığı fesleğen yaprağı

Pirinci belirtilen şekilde su ve tuzla pişirin. Tereyağı veya margarini 1,25 litrelik/2¼ pt/5½ fincanlık bir kaba koyun. Kapağı açık olarak 1 dakika boyunca Tam ısıda ısıtın. Soğanı ekleyin. Bir kez karıştırarak 1 dakika boyunca Kapaksız olarak Dolu'da pişirin. Pirinç ve otlar ekleyin. Soğuk kullanın.

Domatesli İspanyol pilavı dolması

450g/1lb/22/3cup yapar

Kümes hayvanları için.

125 gr/2/3 su bardağı pişirmesi kolay uzun taneli pirinç
250 ml/8 fl oz/1 su bardağı kaynar su
2,5 ml/½ çay kaşığı tuz
25 gr/2 yemek kaşığı tereyağı veya margarin
1 küçük soğan, rendelenmiş
30 ml/2 yemek kaşığı doğranmış yeşil (dolmalık) biber
1 domates, doğranmış
30 ml/2 yemek kaşığı doğranmış doldurulmuş zeytin

Pirinci belirtilen şekilde su ve tuzla pişirin. Tereyağı veya margarini 1,25 litrelik/2¼ pt/5½ fincanlık bir kaba koyun. Kapağı açık olarak 1 dakika boyunca Tam ısıda ısıtın. Soğan, yeşil biber, domates ve zeytinleri ekleyin. Bir kez karıştırarak 2 dakika boyunca Kapaksız olarak Dolu'da pişirin. Pirinç ekleyin. Soğuk kullanın.

Meyveli Pilav Doldurma

450g/1lb/22/3cup yapar

Kümes hayvanları için.

125 gr/2/3 su bardağı pişirmesi kolay uzun taneli pirinç
250 ml/8 fl oz/1 su bardağı kaynar su
2,5 ml/½ çay kaşığı tuz
25 gr/2 yemek kaşığı tereyağı veya margarin
1 küçük soğan, rendelenmiş
5 ml/1 çay kaşığı kıyılmış maydanoz
6 yarım kuru kayısı, doğranmış
6 adet çekirdeksiz (çekirdekleri çıkarılmış) erik, doğranmış
5 ml/1 çay kaşığı ince rendelenmiş clementine veya satsuma kabuğu

Pirinci belirtilen şekilde su ve tuzla pişirin. Tereyağı veya margarini 1,25 litrelik/2¼ pt/5½ fincanlık bir kaba koyun. Kapağı açık olarak 1 dakika boyunca Tam ısıda ısıtın. Soğan, maydanoz, kayısı, kuru erik ve kabuğu karıştırın. Bir kez karıştırarak 1 dakika boyunca Kapaksız olarak Dolu'da pişirin. Pirinç ekleyin. Soğuk kullanın.

Uzakdoğu Pilavı Dolması

450g/1lb/22/3cup yapar

Kümes hayvanları için.

Baharatlı pirinç doldurma gibi hazırlayın, ancak sadece kişniş (kişniş) kullanın. 6 adet konserve ve dilimlenmiş su kestanesini ve 30ml/2 yemek kaşığı iri kıyılmış kavrulmuş kaju fıstığını soğanla birlikte ekleyin.

Fındıklı baharatlı pirinç dolması

450g/1lb/22/3cup yapar

Kümes hayvanları için.

Baharatlı pirinç dolgusu gibi hazırlayın ama sadece maydanoz kullanın. 30 ml/2 yemek kaşığı pul (dilimlenmiş) ve kavrulmuş bademleri ve 30 ml/2 yemek kaşığı tuzlu fıstıkları soğanla birlikte ekleyin.

çikolata parçaları

16 yapar

75g/3oz/2/3 fincan tereyağı veya margarin

30 ml/2 yemek kaşığı altın (hafif) mısır şurubu, eritilmiş

15 ml/1 yemek kaşığı kakao (şekersiz çikolata) tozu, elenmiş

45 ml/3 yemek kaşığı pudra şekeri (çok ince)

75g/3oz/1½ fincan mısır gevreği

Tereyağını veya margarini ve şerbeti üstü açık olarak 2-3 dakika eritin. Kakao ve şekeri ekleyin. İyice kaplanana kadar fırlatarak büyük bir metal kaşıkla mısır gevreğini katlayın. Kağıt kek kutularına (kek ambalajları) bir kaşık koyun, bir tahta veya tepsiye koyun ve katılaşana kadar soğutun.

Şeytan Pastası Yemekleri

8 kişilik

Hafif ve kabarık bir dokuya ve derin bir çikolata aromasına sahip bir Kuzey Amerika mutfak robotu pastası hayali.

100 gr/4 ons/1 su bardağı sade (yarı tatlı) çikolata, parçalara ayrılmış
225 gr/8 ons/2 su bardağı kendiliğinden kabaran un (kendinden kabaran)
25g/1oz/2 yemek kaşığı kakao tozu (şekersiz çikolata)
1,5 ml/¼ çay kaşığı kabartma tozu (kabartma tozu)
200g/7oz/küçük 1 su bardağı koyu yumuşak kahverengi şeker
150 gr/5 ons/2/3 su bardağı tereyağı veya yumuşak margarin, oda sıcaklığında
5 ml/1 çay kaşığı vanilya özü (özü)
Mutfak sıcaklığında 2 büyük yumurta
120ml/4oz/½ bardak ayran veya 60ml/4 yemek kaşığı yağsız süt ve sade yoğurt
Pudra şekeri (şekerleme), serpmek için

20cm/8 inç çapında düz duvarlı bir sufle kabının altını ve yanlarını streç filmle (folyo) dikkatlice hizalayın. Çikolatayı küçük bir kapta buz çözme modunda iki kez karıştırarak 3-4 dakika eritin. Un, kakao ve kabartma tozunu doğrudan bir mutfak robotunun kasesine eleyin.

Eritilmiş çikolatayı diğer tüm malzemelerle birlikte ekleyin ve yaklaşık 1 dakika veya malzemeler iyice birleşene ve karışım kalın bir hamuru andırana kadar karıştırın. Hazırlanan tabağa bir kaşık koyun ve gevşek bir şekilde mutfak kağıdıyla örtün. Hamur tabağın kenarına yükselene ve üstü küçük, çatlamış baloncuklarla kaplanana ve oldukça kuru görünene kadar tabağı iki kez çevirerek 9-10 dakika Tam olarak pişirin. Herhangi bir yapışkan nokta kalırsa, 20-30 saniye daha Tam olarak pişirin. Mikrodalgada yaklaşık 15 dakika bekletin (kek hafifçe çöker), ardından çıkarın ve ılık olana kadar soğumaya bırakın. Streç filmi tutarak dikkatlice tabaktan çıkarın ve tamamen soğuması için rafa aktarın. Servis yapmadan önce streç filmi soyun ve üzerine elenmiş pudra şekeri serpin. Hava geçirmez bir kapta saklayın.

Moka keki

8 kişilik

Devil's Food Cake'deki gibi hazırlayın, ancak soğuyunca pastayı yatay olarak üç kat halinde dilimleyin. 450 ml/¾ pt/2 bardak çift (ağır) veya kremayı koyulaşana kadar çırpın. Biraz elenmiş pudra (şekerleme) şekeri ile tatlandırın ve ardından soğuk siyah kahve ile oldukça güçlü bir şekilde tatlandırın. Pastanın katmanlarını birleştirmek için biraz tereyağlı krema kullanın, ardından kalanını üste ve yanlara karıştırın. Servis yapmadan önce biraz soğutun.

katmanlı kek

8 kişilik

Devil's Food Cake'deki gibi hazırlayın, ancak soğuyunca pastayı yatay olarak üç kat halinde dilimleyin. Kayısı reçeli, çırpılmış krema ve rendelenmiş çikolata veya çikolata ezmesi ile sandviç.

Kara Orman Vişneli Kek

8 kişilik

Devil's Food Cake'deki gibi hazırlayın, ancak soğuyunca keki yatay olarak üç katmana kesin ve her katmanı vişne likörü ile nemlendirin. Vişne reçeli (konserve) veya vişne dolgulu sandviç. 300ml/½pt/1¼cup duble (ağır) veya krem şantiyi koyulaşana kadar çırpın. Pastanın üstüne ve kenarlarına yayın. Ezilmiş pul çikolatayı veya rendelenmiş çikolatayı kenarlara doğru bastırın, ardından üst kısmı sırlanmış (şekerlenmiş) kirazların yarısı ile süsleyin.

Çikolatalı Portakallı Kek

8 kişilik

Devil's Food Cake'deki gibi hazırlayın ama soğuyunca keki yatay olarak üçe bölün ve her birini portakal likörüyle ıslatın. İnce kıyılmış portakal marmelatı ve ince bir tabaka marzipan (badem ezmesi) ile sandviç. 300ml/½pt/1¼cup duble (ağır) veya krem şantiyi koyulaşana kadar çırpın. 10-15 ml/2-3 çay kaşığı pekmezi renklendirin ve hafifçe tatlandırın, ardından 10 ml/2 çay kaşığı rendelenmiş portakal kabuğu ile karıştırın. Pastanın üstüne ve kenarlarına yayın.

Tereyağı ve krema ile çikolatalı kek

8-10 kişilik

30 ml/2 yemek kaşığı kakao tozu (şekersiz çikolata)

60 ml/4 yemek kaşığı kaynar su

175 gr/6 ons/¾ fincan oda sıcaklığında tereyağı veya margarin

175 gr/6 ons/¾ fincan koyu yumuşak kahverengi şeker

5 ml/1 çay kaşığı vanilya özü (özü)

3 yumurta mutfak sıcaklığında

175 gr/6 ons/1½ fincan kendiliğinden kabaran un

15 ml/1 yemek kaşığı pekmez (pekmez)

Tereyağı tozu

Pudra şekeri (şekerleme), serpmek için (isteğe bağlı)

18 x 9 cm/7 x 3½ sufle kabının altını ve yanlarını, kenarından hafifçe sarkacak şekilde streç filmle (folyo sargı) dikkatlice hizalayın. Kakaoyu kaynayan su ile pürüzsüz olana kadar karıştırın. Hafif ve kabarık olana kadar tereyağı veya margarin, şeker ve vanilya esansını çırpın. Yumurtaları birer birer çırpın ve her birine 15 ml/1 yemek kaşığı un ekleyin. Eşit bir şekilde birleştirilene kadar kalan unu siyah pekmezle ekleyin. Hazırlanan tabağa eşit şekilde yayın ve mutfak kağıdı ile gevşek bir şekilde örtün. Hamur iyice kabarana ve üzeri nemli görünmeyene kadar 6-6½ dakika Tam olarak pişirin. Fazla pişirmeyin yoksa hamur büzülür ve sertleşir. 5 dakika bekletin, ardından hamuru streç filmle (folyo) tutarak tabaktan çıkarın ve tel ızgaraya aktarın. Yavaşça sargıyı çıkarın ve soğumaya bırakın. Pastayı

yatay olarak üç katmana kesin ve krema (sır) ile birlikte koyun.
Dilerseniz dilimlemeden önce üzerine elenmiş pudra şekeri serpin.

Çikolatalı Moka Kek

8-10 kişilik

Çikolatalı Tereyağlı Kek gibi hazırlayın, ancak Tereyağlı Buzlanma
(sırlı) 15 ml/1 yemek kaşığı çok koyu kahve ile tatlandırın. Daha
yoğun bir tat için sıvı kahveye 5 ml/1 çay kaşığı öğütülmüş kahve
ekleyin.

Portakallı ve çikolatalı katlı pasta

8-10 kişilik

Çikolatalı kremalı tereyağı gibi hazırlayın, ancak hamur
malzemelerine 10 ml/2 çay kaşığı ince rendelenmiş portakal kabuğu
ekleyin.

Çift Çikolatalı Kek

8-10 kişilik

Çikolatalı tereyağı gibi hazırlayın, ancak sırlara 100g/4oz/1 bardak
eritilmiş ve soğutulmuş sade (yarı tatlı) çikolata ekleyin. Kullanmadan
önce sertleşmesine izin verin.

Krem Şanti ve Fındıklı Kek

8-10 kişilik

1 adet tereyağlı ve kremalı çikolatalı kek
300 ml/½ pt/1¼ fincan çift (ağır) krema
150 ml/¼ puan/2/3 su bardağı krem şanti
45 ml/3 yemek kaşığı pudra şekeri (şekerleme), elenmiş
Vanilya, gül, kahve, limon, portakal, badem, ratafya gibi her türlü
tatlandırıcı esanslar (ekstraktlar)
Dekorasyon için fındık, çikolata talaşı, gümüş drajeler, kristalize çiçek
yaprakları veya sırlı (şekerlenmiş) meyveler

Pastayı yatay olarak üç katmana kesin. Kremaları koyulaşana kadar çırpın. Tatmak için pudra şekeri ve aroma ekleyin. Kek katmanlarını krema ile birleştirin ve üstünü istediğiniz gibi süsleyin.

8-10 kişilik

1 adet tereyağlı ve kremalı çikolatalı kek

45 ml/3 yemek kaşığı çekirdeksiz ahududu reçeli (konserve)

Badem ezmesi (badem ezmesi)

300 ml/½ pt/1¼ fincan çift (ağır) krema

150 ml/¼ puan/2/3 su bardağı krem şanti

60 ml/4 yemek kaşığı ince (çok ince) şeker

Garnitür için glacé (şekerlenmiş) kirazlar ve yenilebilir çobanpüskülü

dalları

Hamuru üç kat halinde kesin ve reçel ile birleştirin, ince haddelenmiş badem ezmesi serpin. Krema ve pudra şekerini koyulaşana kadar çırpın ve kekin üzerini ve yanlarını kaplayın. En üstünü kiraz ve holly ile süsleyin.

amerikan kurabiyeleri

12 yapar

50g/2oz/½ fincan sade (yarı tatlı) çikolata, parçalara ayrılmış

75g/3oz/2/3 fincan tereyağı veya margarin

175 gr/6 ons/¾ fincan koyu yumuşak kahverengi şeker

2 yumurta, mutfak sıcaklığında, çırpılmış

150g/5oz/1¼ fincan sade (çok amaçlı) un

1,5 ml/¼ çay kaşığı kabartma tozu

5 ml/1 çay kaşığı vanilya özü (özü)

30 ml/2 yemek kaşığı soğuk süt

Pudra şekeri (şekerleme), serpmek için

Tereyağı ve taban çizgisi 25 x 16 3 5 cm/10 x 6½ 3 2 inçlik bir tepsi. Çikolata ve tereyağı veya margarini Dolu ayarda 2 dakika boyunca iyice karışana kadar karıştırarak eritin. Şeker ve yumurtaları iyice karışana kadar çırpın. Unu kabartma tozu ile birlikte eleyin, ardından vanilya esansı ve süt ile çikolata karışımına hafifçe katlayın. Hazırlanan tabağa eşit şekilde yayın ve mutfak kağıdı ile gevşek bir şekilde örtün. Hamur iyice kabarana ve üst kısım küçük, çatlak deliklerle noktalanana kadar 7 dakika Tam olarak pişirin. Çanak içinde 10 dakika soğutun. Küpler halinde kesin, üstlerine oldukça kalın bir şekilde pudra şekeri serpin ve ardından tel ızgara üzerinde tamamen soğumaya bırakın. Hava geçirmez bir kapta saklayın.

çikolatalı fındıklı kurabiye

12 yapar

American Brownie'lerde olduğu gibi hazırlayın, ancak 90 ml/6 yemek kaşığı iri kıyılmış cevizi şekerle birlikte ekleyin. 1 dakika daha pişirin.

Yulaf şekerleme üçgenleri

8 yapar

125g/4oz/½ fincan tereyağı veya margarin
50g/2oz/3 yemek kaşığı altın (hafif) mısır şurubu
25 ml/1½ yemek kaşığı siyah pekmez (pekmez)
100g/4oz/½ fincan koyu yumuşak kahverengi şeker
225 gr/8 ons/2 su bardağı yulaf ezmesi

20 cm derinliğinde/8 inç çapında bir kalıbı iyice yağlayın. Tereyağını, pekmezi, pekmezi ve şekeri üstü açık olarak 5 dakika eritin. Yulaf ezmesini karıştırın ve karışımı tabağa yayın. Tencereyi bir kez çevirerek 4 dakika boyunca ağzı açık olarak Tam modda pişirin. 3 dakika bekletin. 1½ dakika daha pişirin. Soğumaya bırakın, ardından sekiz üçgen halinde kesin. Bulaşıktan soğuk olarak çıkarın ve hava geçirmez bir kapta saklayın.

Müsli üçgenleri

8 yapar

Oaten Toffee Triangles gibi hazırlayın, ancak yulaf ezmesini şekersiz müsli ile değiştirin.

Çikolatalı Kraliçeler

12 yapar

125 gr/4 ons/1 su bardağı kendiliğinden kabaran (kendiliğinden kabaran) un
30 ml/2 yemek kaşığı kakao tozu (şekersiz çikolata)
50g/2oz/¼ fincan oda sıcaklığında tereyağı veya margarin
50g/2oz/¼ fincan hafif, yumuşak kahverengi şeker
1 yumurta
5 ml/1 çay kaşığı vanilya özü (özü)
30 ml/2 yemek kaşığı soğuk süt
Dekorasyon için pudra (şekerleme) şeker veya çikolata kreması (isteğe bağlı)

Un ve kakaoyu eleyin. Ayrı bir kapta, tereyağı veya margarini yumuşak ve kabarık olana kadar şekerle çırpın. Yumurta ve vanilya özünü çırpın. Unu dönüşümlü olarak sütle karıştırın, çırpmadan bir çatalla kuvvetlice karıştırın. 12 adet kağıt kek kutusuna (cupcake kağıtları) paylaştırın. Her seferinde altı parçayı cam veya plastik döner tablaya yerleştirin, mutfak kağıdıyla gevşek bir şekilde örtün ve 2 dakika Tam ayarında pişirin. Rafta soğutun. Elenmiş pudra şekeri serpin veya istenirse çikolatalı krema ile kaplayın. Hava geçirmez bir kapta saklayın.

12 yapar

Chocolate Queenies'deki gibi hazırlayın, ancak küçük bir parça çikolata parçasını ezin ve yumurta ve vanilya esansını ekledikten sonra hafifçe hamura karıştırın.

Kahvaltılık Kepek ve Ananaslı Kek

Yaklaşık 12 parça yapar

Oldukça kalın hamur ve yoğurt ve içecek ile servis edilen kullanışlı bir kahvaltı atıştırmalığı.

100 gr / 3½ ons / 1 su bardağı Tüm kepek gevreği

50 gr/2 ons/¼ fincan koyu yumuşak kahverengi şeker

175g/6oz konserve ezilmiş ananas

20 ml/4 çay kaşığı kalın bal

1 yumurta, çırpılmış

300 ml/½ puan/1¼ bardak yağsız süt

150g/5oz/1¼ fincan kendiliğinden kabaran (kendinden kabaran) tam buğday unu

18 cm/7 inç çapındaki bir sufle kasesinin altını ve kenarlarını, kenarından hafifçe sarkacak şekilde streç filmle (folyo folyo) dikkatlice hizalayın. Tahıl, şeker, ananas ve balı bir kaseye koyun. Bir plaka ile örtün ve buz çözme modunda 5 dakika ısıtın. Kalan malzemeleri çırpmadan kuvvetlice karıştırarak karıştırın. Hazırlanan yemeğe aktarın. Mutfak kağıdıyla gevşek bir şekilde örtün ve buz çözme modunda 20 dakika, tabağı dört kez çevirerek pişirin. Isınana kadar soğumaya bırakın, ardından streç film tutarak tel rafa aktarın. Tamamen soğuduktan sonra, kesmeden önce 1 gün boyunca hava geçirmez bir kapta saklayın.

Kek Çıtır Meyveli Çikolatalı Kek

10-12 yapar

200g/7oz/küçük 1 fincan sade (yarı tatlı) çikolata, karelere ayrılmış
225 gr/8 ons/1 su bardağı tuzsuz (tatlı) tereyağı (margarin değil)
2 büyük yumurta, mutfak sıcaklığında, çırpılmış
5 ml/1 çay kaşığı vanilya özü (özü)
75g/3oz/¾ fincan iri kıyılmış karışık kuruyemiş
75g/3oz/¾ fincan doğranmış kristal ananas veya papaya
75 gr / 3 ons / ¾ fincan kıyılmış kristalize zencefil
25 ml/1½ yemek kaşığı pudra (şekerleme) şekeri, elenmiş
15 ml/1 yemek kaşığı Grand Marnier veya Cointreau gibi meyve likörü
225g/8oz sade tatlı bisküviler (kurabiyeler), örneğin sindirim için
(Graham krakerleri), her biri 8 parçaya bölünmüş

20 cm/8 inçlik bir tabağın veya bisküvi sandviç tepsisinin (tavanın) altını ve yanlarını streç filmle (plastik sargı) dikkatlice hizalayın. Çikolata parçalarını büyük bir kapta, üstü açık, buz çözme modunda 4-5 dakika çok yumuşak olana kadar ama yine de orijinal şeklini koruyana kadar eritin. Tereyağını iri küpler halinde kesin ve üstü açık olarak 2-3 dakika eritin. Eritilmiş çikolata, yumurta ve vanilya esansı ile iyice karıştırın. Diğer tüm malzemeleri karıştırın. Hazırlanan kalıba iyice karışmış şekilde yayın ve folyo veya streç film (folyo) ile

kaplayın. 24 saat soğutun, ardından streç filmi dikkatlice çıkarın ve çıkarın. Hizmet etmek için takozlar halinde kesin. Hamur oda sıcaklığında yumuşadığı için porsiyonlar arasında soğutun.

10-12 yapar

Çıtır Çikolatalı Çikolatalı Kurabiye Hamuru gibi hazırlayın, ancak 20 ml/4 çay kaşığı hazır kahve veya çikolata granüllerini eritin ve kahve likörünü meyve likörü ile değiştirin.

Rom ve kuru üzüm ile çıtır kek

10-12 yapar

Çikolatalı Meyveli Çikolatalı Ezilmiş Kurabiye gibi hazırlayın, ancak 100 gr kuru üzümü kristalize meyve ve likör için koyu rom ile değiştirin.

Meyve viskisi ve portakallı kurabiye ile çıtır kek

10-12 yapar

Crunchy Cake Çikolatalı Bisküvili Kek gibi hazırlayın ancak 1 portakalın ince rendelenmiş kabuğunu çikolata ve tereyağı ile karıştırın ve likörü viski ile değiştirin.

Beyaz Çikolatalı Crunch Meyveli Kek

10-12 yapar

Crispy Cake Çikolatalı-Çikolatalı-Crunch Cake'deki gibi hazırlayın, ancak bitter beyaz çikolata ile değiştirin.

İki katlı kayısı ve frambuazlı cheesecake

12 kişilik

taban için:

100g/3½oz/½ fincan tereyağı

225 gr/8 ons/2 su bardağı çikolatalı bisküvi kırıntısı (Graham kraker)

5 ml/1 çay kaşığı karışık baharat (elmalı turta)

Kayısı katı için:

60 ml/4 yemek kaşığı soğuk su

30 ml/2 yemek kaşığı jelatin tozu

500 g/1 lb 2 oz/2¼ bardak süzme peynir (düz süzme peynir)

250g/9oz/1¼ fincan süzme peynir veya süzme peynir

60 ml/4 yemek kaşığı kayısı reçeli (konserve)

75 gr/3 ons/2/3 su bardağı pudra şekeri

3 yumurta, ayrılmış

Bir tutam tuz

Ahududu katmanı için:

45 ml/3 yemek kaşığı soğuk su

15 ml/1 yemek kaşığı toz jelatin

225 gr taze ahududu, ezilmiş ve süzülmüş (süzülmüş)
30 ml/2 yemek kaşığı ince (çok ince) şeker
150 ml/¼ puan/2/3 fincan çift (ağır) krema

Dekorasyon için:

Taze ahududu, çilek ve kırmızı kuş üzümü dizeleri

Tabanı hazırlamak için, açıkta kalan tereyağını 3-3½ dakika eritin. Bisküvi kırıntılarını ve baharat karışımını karıştırın. 25 cm/10 (tava) kelepçeli kalıbın tabanına eşit şekilde dağıtın. Sertleşene kadar 30 dakika soğutun.

Kayısı katı için, suyu ve jelatini bir kaseye boşaltın ve iyice karıştırarak karıştırın. Yumuşayana kadar 5 dakika bekletin. Buz çözmede 2½-3 dakika boyunca açıkta eritin. Süzme peynir, süzme peynir veya süzme peynir, reçel, şeker ve yumurta sarısını mutfak robotuna koyun ve malzemeler iyice karışana kadar makineyi çalıştırın. Büyük bir kaseye kazıyın, bir tabakla örtün ve kalınlaşmaya ve koyulaşmaya başlayana kadar buzdolabında saklayın. Yumurta aklarını ve tuzu sert zirvelere çırpın. Peynir kütlesinin üçte birini çırpın, ardından kalanını metal bir kaşık veya spatula ile ekleyin. Bisküvinin tabanına eşit şekilde yayın. Mutfak kağıdıyla gevşek bir şekilde örtün ve sertleşene kadar en az 1 saat soğutun.

Frambuazlı katı için suyu ve jelatini bir kaseye alıp güzelce karıştırın. Yumuşayana kadar 5 dakika bekletin. Buz çözmede 1½-2 dakika boyunca açıkta eritin. Ahududu püresi ve şekerle birleştirin. Folyo veya streç film (folyo) ile kaplayın ve kalınlaşmaya başlayana kadar soğutun ve kenarlarında düzenleyin. Kremayı yumuşak bir kıvam alana kadar çırpın. Meyve kütlesinin üçte birini çırpın ve gerisini metal bir kaşık veya spatula ile ekleyin. Cheesecake kütlesinin üzerine eşit şekilde yayın. Gevşek bir şekilde örtün ve sertleşene kadar birkaç saat buzdolabında saklayın. Servis yapmadan önce, cheesecake'i gevşetmek için sıcak suya batırılmış bir bıçağı iç kenarlarından geçirin. Kutunun klipslerini açın ve tarafı çıkarın. En üstünü meyvelerle süsleyin. Sıcak suya batırılmış bir bıçakla porsiyonlar halinde kesin.

Fıstık Ezmeli Cheesecake

10 kişilik

taban için:

100g/3½oz/½ fincan tereyağı

225g/8oz/2 bardak zencefilli kek (kurabiye)

Üzeri için:

90 ml/6 yemek kaşığı soğuk su

45 ml/3 yemek kaşığı toz jelatin

750 gr/3 su bardağı süzme peynir (yumuşak süzme peynir)

4 yumurta, ayrılmış

5 ml/1 çay kaşığı vanilya özü (özü)

150 gr/5 ons/2/3 su bardağı pudra şekeri

Bir tutam tuz

150 ml/¼ puan/2/3 fincan çift (ağır) krema

60 ml/4 yemek kaşığı pürüzsüz fıstık ezmesi, oda sıcaklığında

Kıyılmış hafif tuzlu veya sade fıstık (isteğe bağlı)

Tabanı hazırlamak için, açıkta kalan tereyağını 3-3½ dakika eritin. Bisküvi kırıntılarını karıştırın. 20cm/8 (tava) kek kalıbının tabanına yayın ve sertleşene kadar 20-30 dakika soğutun.

Üzerini yapmak için, suyu ve jelatini bir kaseye dökün ve karıştırmak için iyice karıştırın. Yumuşatmak için 5 dakika bekletin. 3-3½ dakika defrost üzerinde açıkta eritin. Peyniri, yumurta sarısını, vanilya özünü ve şekeri mutfak robotuna koyun ve pürüzsüz olana kadar makineyi çalıştırın. Büyük bir kaseye kazıyın. Yumurta aklarını ve tuzu sert zirvelere çırpın. Kremayı yumuşak bir kıvam alana kadar çırpın. Yumurta aklarını ve kremayı dönüşümlü olarak peynir karışımına ekleyin. Son olarak fıstık ezmesini ekleyin. Hazırlanan formda eşit şekilde yayın, üzerini kapatın ve en az 12 saat buzdolabında saklayın. Servis yapmak için, sıcak suya batırılmış bir bıçağı gevşetmek için yana kaydırın. Kutunun klipslerini açın ve yanları çıkarın. Dilerseniz kıyılmış fıstıklarla süsleyin. Sıcak suya batırılmış bir bıçakla porsiyonlar halinde kesin.

Lor peynirli limonlu cheesecake

10 kişilik

Fıstık ezmeli cheesecake gibi hazırlayın ama fıstık ezmesi yerine limonlu lor kullanın.

çikolatalı Cheesecake

10 kişilik

Fıstık Ezmeli Cheesecake gibi hazırlayın, ancak fıstık ezmesi yerine çikolata yağı kullanın.

10 kişilik

Domates benzeri bir tamarillo meyvesine dayanan, Yeni Zelandalı bir kadın tarafından bana gönderilen tarif. Bulmak her zaman kolay olmadığından, kış sharon meyveleri takdire şayan bir ikamedir ve hatta çok olgun oldukları sürece hurmalara benzer.

taban için:

175 gr/6 ons/¾ fincan tereyağı

100 gr/3½ ons/½ fincan hafif, yumuşak kahverengi şeker

225g / 8oz malt bisküvi kırıntıları (kurabiyeler)

Dolgu için:

4 sharon meyvesi, doğranmış

100g/4oz/½ fincan hafif, yumuşak kahverengi şeker

30 ml/2 yemek kaşığı jelatin tozu

30 ml/2 yemek kaşığı soğuk su

300g/10oz/1¼ fincan krem peynir

3 büyük yumurta, ayrılmış

½ limon suyu

25 cm/10 çapındaki kek kalıbını (tavayı) iyice durulayın ve ıslak bırakın. Tereyağını veya margarini üstü açık olarak 3-3½ dakika eritin. Şeker ve bisküvi kırıntılarını karıştırın. Kutunun dibine eşit şekilde bastırın. Turta dolgusunu hazırlarken soğutun.

Dolguyu yapmak için sharon meyvesini bir tabağa koyun ve üzerine şekerin yarısını serpin. Jelatini bir kaseye koyun ve suyla karıştırın. Yumuşayana kadar 5 dakika bekletin. 3-3½ dakika defrost üzerinde açıkta eritin. Ayrı bir kapta peyniri yumuşak ve kabarık olana kadar çırpın, ardından jelatini, yumurta sarısını, limon suyunu ve kalan şekeri ekleyin. Yumurta aklarını sert bir köpük haline getirin. Sharon meyvesi ile dönüşümlü olarak lor karışımına ekleyin. Bisküvi tabanının üzerine kaşıkla dökün ve bir gece buzdolabında bekletin. Servis yapmak için, sıcak suya batırılmış bir bıçağı kenarlarından geçirerek gevşetin, ardından kutunun klipslerini açın ve kenarlarını çıkarın.

yabanmersinli peynir pastası

10 kişilik

Sharon Fruit Cheesecake olarak hazırlayın, ancak Sharon Fruit'i 350g yaban mersini ile değiştirin.

Fırında Limonlu Cheesecake

10 kişilik

taban için:

75g/3oz/1/3 fincan oda sıcaklığında tereyağı

175 gr / 6 ons / 1½ su bardağı ezilmiş bisküvi (Graham krakerleri)

30 ml/2 yemek kaşığı ince (çok ince) şeker

Dolgu için:

450 g/2 su bardağı orta yağlı süzme peynir (yumuşak süzme peynir),

oda sıcaklığında

75g/3oz/1/3 fincan (çok ince) şeker

Mutfak sıcaklığında 2 büyük yumurta

5 ml/1 çay kaşığı vanilya özü (özü)

15 ml/1 yemek kaşığı mısır unu (mısır unu)

1 limonun ince rendelenmiş kabuğu ve suyu

150 ml/¼ puan/2/3 fincan çift (ağır) krema

150ml/5oz/2/3 su bardağı ekşi krema

Tabanı hazırlamak için, açıkta kalan tereyağını 2-2½ dakika eritin. Bisküvi kırıntılarını ve şekeri karıştırın. 20cm/8 inç çaplı bir tabağın altını ve yan tarafını streç filmle (folyo folyo) kenardan hafifçe sarkacak şekilde hizalayın. Bisküvi karışımı ile altını ve yanları kaplayın. 2½ dakika boyunca ağzı açık olarak Tam modda pişirin.

Dolguyu yapmak için peyniri yumuşayana kadar çırpın, ardından krema hariç kalan malzemeleri karıştırın. Kırıntı kabına dökün ve gevşek bir şekilde mutfak kağıdıyla örtün. Tencereyi iki kez çevirerek 12 dakika Tam olarak pişirin. Ortada biraz hareket gördüğünüzde ve üst kısım hafifçe kalktığında ve çatlamaya başladığında pasta hazırdır. 5 dakika kenara koyun. Mikrodalgadan çıkarın ve kek soğudukça üste çıkacak ve düzleşecek olan ekşi krema ile hafifçe fırçalayın.

Fırında Limonlu Cheesecake

10 kişilik

Pişmiş limonlu cheesecake gibi hazırlayın, ancak limonu 1 misket limonunun kabuğu ve suyuyla değiştirin.

Fırında Frenk Üzümü Cheesecake

10 kişilik

Fırında limonlu cheesecake gibi hazırlayın, ancak tamamen soğuduğunda, kaliteli siyah frenk üzümü reçeli (konserve) veya konserve frenk üzümü dolgusunu yayın.

Fırında Frambuazlı Cheesecake

10 kişilik

Pişmiş limonlu cheesecake gibi hazırlayın ama mısır ununu (mısır nişastası) ahududu tozuyla değiştirin. Taze ahududu ile süsleyin.

Çikolata fondü

3-4 destekler

200 gr (7 ons) sade (yarı tatlı) çikolata
150 ml/¼ puan/2/3 fincan çift (ağır) krema
15 ml/1 yemek kaşığı viski, rom, brendi veya portakal aromalı likör
veya 5 ml/1 çay kaşığı vanilya esansı (ekstraktı)
Servis için küçük bisküviler, şekerlemeler ve/veya taze meyve parçaları

Çikolatayı ufalayın ve bir kaseye koyun. Yumuşak olana kadar 4-5 dakika defrost üzerinde açıkta eritin. Kremayı ilave edin ve buz çözme modunda yaklaşık 1½ dakika ısıtın. Alkol veya vanilya esansı ekleyin. Daldırma için bisküvi, marshmallow ve/veya taze meyve parçaları ile sıcak servis yapın.

Portakallı Çikolatalı Fondü

3-4 destekler

Çikolata fondü gibi hazırlayın ama yalnızca Grand Marnier, Mandarine Napolean veya Cointreau kullanın. 5 ml/1 çay kaşığı ince rendelenmiş portakal kabuğu ile tatlandırın.